As chaves da Felicidade

Por dentro do meu mundo cor-de-Rosa

1ª Edição

São Paulo

2021

Trilha EDUCACIONAL

As Chaves da Felicidade
Copyright © 2021 – Trilha Educacional Editora
Direitos de Edição e Impressão – Trilha Educacional Editora
Autora: Elisa Ponte
Capa: Marco Mancen
Fotos: Rafael Antonio
Editor: Luís Antonio Torelli
Projeto Gráfico e Editoração: Edson Lage
Desenhos (adaptados): Freepik.com

Dados Internacionais de Catalogação na Publicação (CIP)
(Câmara Brasileira do Livro, SP, Brasil)

Ponte, Elisa
  As chaves da felicidade : por dentro do meu mundo cor-de-rosa / Elisa Ponte. -- 1. ed. -- São Paulo : Trilha Educacional, 2021.

  ISBN 978-65-87995-07-6

  1. Autoajuda 2. Empoderamento 3. Mulheres 4. Superação - Histórias de vida I. Título.

21-68344   CDD-305.42

Índices para catálogo sistemático:

1. Empoderamento : Mulheres : Aspectos sociais
   305.42

Aline Graziele Benitez - Bibliotecária - CRB-1/3129

Todos os direitos reservados. Nenhuma parte desta obra poderá ser reproduzida por fotocópia, microfilme, processo fotomecânico ou eletrônico sem permissão expressa do autor.

Impresso no Brasil

Trilha Educacional Editora
Rua Pires da Mota, 265 – Aclimação – 01529-001 – São Paulo/SP – Brasil
Fone: 55 11 999386337 – contato@trilhaeducacional.com.br

Je Veux

"Je veux, d'l'amour, d'la joie, de la bonne humeur
Ce n'est pas votre argent qui f'ra mon bonheur
Moi j'veux crever la main sur le cœur
Papalapapapala
Allons ensemble découvrir ma liberte
Oubliez donc, tous vos clichés
Bienvenue dans ma réalité!"*

"Quero amor, alegria, bom humor
Não é seu dinheiro que vai me fazer feliz
Quero viver honestamente
Papalapapapala
Vamos juntos descobrir minha liberdade
Esqueça todos seus preconceitos
Bem-vindo à minha realidade!"

* Trecho da canção "Je Veux" (Eu quero), composta por Kerredine Soltani e Tryss e gravada pela cantora Zaz em seu álbum de estréia, Zaz, de 2010.

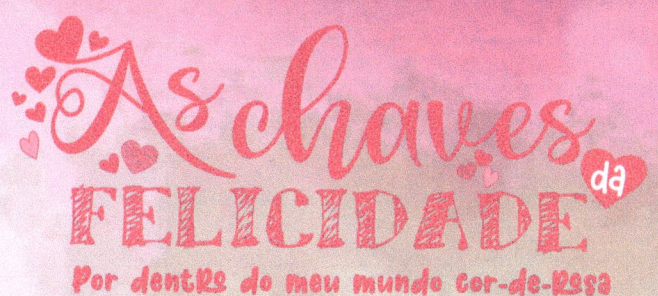

Prefácio

O mundo em rosa. Muitos me perguntam o porquê de eu ter escolhido a cor rosa para representar a minha vida. As respostas são muitas, e vão desde as mais simples, como "porque eu gosto", até as mais complexas, como o significado em si da cor, que se liga à feminilidade, à alegria e ao bem-estar; porque é uma cor alegre e de cuja alegria nada no mundo, nem mesmo as cores mais fortes, podem roubar a leveza. Acredito que ninguém associa a cor rosa a sentimentos negativos, e mesmo as pessoas menos positivas, ou que estejam passando por grandes dificuldades em suas vidas, tendem a experimentar um caloroso sentimento de pertencimento ao estarem rodeadas pela cor da alegria; porque espelho no mundo em minha volta a esperança que move meu espírito, a esperança em um mundo cor-de-rosa, em que as pessoas possam se amar sem julgamento, em que elas possam ser as pessoas que elas são, sem censuras, barreiras ou medo.

> **Escolhi pintar as paredes de minha realidade em tons de Rosa choque, vibrantes, como a vida deve ser!**

Meu mundo cor-de-rosa é a abstração da música que toca em minha alma, que vibra em ondas de felicidade e alegria, pois é só a alegria que move o ser humano. Todos somos maravilhosos em nossas essências, mas muitas vezes nos deixamos levar pelos períodos mais escuros de nossas vidas, então é preciso que a mudança que você precisa para ser feliz, sentir-se completo em sua vida, parta de você, por isso escolhi pintar as paredes de minha realidade em tons de Rosa choque, vibrantes, como a vida deve ser!

A vida em rosa, o amor em rosa, e o amar, na simplicidade das coisas verdadeiras, com calma, sutileza e de forma delicada, feito um sussurro ao pé do ouvido daquele que você ama. Ame a vida em primeiro lugar, e ame a si mesmo, pois a única pessoa no mundo sem a qual você não pode viver é você mesmo. Por isso, permita que entrem em sua vida os raios luminosos da felicidade, em rosa, que é a cor mais bela para mim!

Sumário

PARTE 1 Meu Mundo em Rosa

11 1 — A CHAVE DO AMOR-PRÓPRIO
"A curva mais bonita do corpo de uma mulher é o seu sorriso".

15 2 — A CHAVE DA DECISÃO
"Aprendendo a se posicionar.
A autotransformação começa em frente ao espelho".

19 3 — A CHAVE DA ACEITAÇÃO
"Ninguém vive em uma bolha.
É preciso saber lidar com você, para só depois conseguir viver com os outros".

23 4 — A CHAVE DO HÁBITO
"Quando se aprende a transformar sua realidade, na percepção dela,
a pessoa se torna um condutor da mudança que espera do mundo".

25 **MEU CADERNINHO COR-DE-ROSA**

27 5 — A CHAVE DO CONHECIMENTO
"Toda mulher é uma originadora da vida, e por isso, ao nos unirmos em amor
e respeito umas às outras, adquirimos o poder de nos salvar do que nos oprime".

33 6 — A CHAVE DA AUTOESTIMA
"Só os seus pés irão saber as dificuldades do caminho".

PARTE 2 A Descoberta de Si Mesmo

37 7 — A CHAVE DA FELICIDADE
"Saber abrir mão também é a essência da sabedoria.
Seja quem você merece ser".

41 8 — A CHAVE DA CINDERELA
As expectativas não devem assumir o posto que pertence aos olhos".

45 9 — A CHAVE DO ROSA
"A aceitação é o ponto fundamental para abrir a porta do sucesso".

51 10 — A CHAVE DA SUPERAÇÃO
"Coisas ruins vão acontecer. Sempre acontecem, mas os que conseguem triunfar,
não são os mais fortes, que não se abalam nunca, mas os que continuam em
frente, os que deixam no passado, aquilo que pertence ao passado".

55 11 — A CHAVE DO EMPODERAMENTO
"Meninas Empoderadas não têm medo de serem felizes; mulheres
empoderadas empoderam outras mulheres".

PARTE 3 Reestruturando Seu Cérebro

59 12 — A CHAVE DO AUTOCONTROLE
"Seu cérebro é uma máquina, e como tal, precisa de programas, rotinas e, principalmente, manutenção".

65 13 — A CHAVE DA QUIETUDE
"Uma pessoa que consegue se manter calma nas dificuldades, conseguirá resolver qualquer desafio".

71 14 — A CHAVE DA AUTORREVOLUÇÃO
"Por trás de uma mulher bem resolvida existe ela mesma".

77 15 — A CHAVE DA CORAGEM
"Sou doida, mas sou feliz".

PARTE 4 Escapando da Ignorância

83 16 — A CHAVE DO PLANEJAMENTO
"Ao aprender a controlar seu destino, qualquer pessoa pode ser feliz. A felicidade está ao alcance de todos".

87 17 — A CHAVE DO PRESENTE
"O momento presente é o único que verdadeiramente importa, pois é onde você está, no hoje, no agora, pois é neste momento que você terá de lidar com o passado e, principalmente, planejar seu futuro.
Você só vencerá amanhã, se não desistir hoje!".

95 18 — A CHAVE DA INICIATIVA
"O primeiro passo é sempre o mais difícil, porque é com ele que se inicia qualquer caminhada, mas é justamente ele que irá te conduzir para onde você deseja chegar".

105 19 — A CHAVE DO PENSAMENTO POSITIVO
"Esculpindo um Novo EU".

117 20 — A CHAVE DA AUTODISCIPLINA
"Saiba que só você é tão importante em sua vida a ponto de poder modificá-la".

123 21 — A CHAVE DA INTELIGÊNCIA EMOCIONAL
"A maioria dos obstáculos que enxergamos na vida existe mesmo é nas limitações de nossas próprias percepções, de nossas decepções e de nossos medos.
Não seja a pessoa que o trava, seja você a sua CHAVE MÁGICA!".

APÊNDICE

127 Biografia

CHAVE 1

A Chave do amor-próprio

"A curva mais bonita do corpo de uma mulher é o seu sorriso"

Muitas coisas nos definem enquanto pessoa, e o que mais queremos constantemente descobrir é o que define as pessoas que fazem parte, de alguma maneira, de nossas vidas. O que me define? Quem é Elisa?

Elisa é mulher. Uma mulher que não tem medo de expressar toda a sua feminilidade. É mulher quando sorri, e é mulher que procura em um sorriso a paz que precisa para os momentos difíceis. Elisa é filha, para quem o sorriso da mãe ilumina a vida inteira. Elisa é amiga, que se esforça ao máximo para ajudar as outras mulheres a alcançarem a felicidade que julga ser merecedora a todas e todos nós. Elisa é mãe, para quem o filho, além da luz de sua vida, é o próprio colorido diário. Meu filho é a mais bela cor da minha vida.

Sei que muitos estão sempre me perguntando, às vezes até em forma de crítica, o porquê de eu procurar viver minha vida em Rosa, ou como eu posso sempre estar feliz. Bom, a resposta, meus queridos, é que eu sou assim. Eu busco pela minha felicidade, e não importa se os outros irão me taxar desta ou daquela maneira, eu procuro viver, e não há melhor manei-

> **Na vida ser feliz é o mais importante.**

ra de viver do que deixar-se ser feliz. Porque, afinal, é disso que se trata a felicidade: de permitir-se ser feliz.

Muitas vezes acreditamos no que as outras pessoas nos dizem de nós, ao ponto de até chegarmos a acreditar que somos de determinada forma, ou que, por sermos como somos, não merecemos ser felizes, porque somos diferentes, "fora da curva", "fora do padrão".

Mas não existe "padrão", na vida ser feliz é o mais importante, e para isso não existe idade, cor, peso ou medidas, nada disso importa, exceto o que trazemos no peito, nossa alegria, nossa bondade, nosso comprometimento e, acima de tudo, nossa fé.

Meu mundo é Rosa, porque eu quis que ele assim o fosse, porque é a cor que expressa ao mundo minha alegria e meu bem-estar em ser quem sou, da maneira como eu quero ser. Muitos acreditam se tratar de uma personagem, e esse é justamente o ponto, porque, na vida, somos todos personagens, a única diferença para uma peça de teatro, por exemplo, é

> **Escolhi viver minha vida, sem preconceitos, sem julgamentos, sem condenação, pois devemos aproveitar nosso tempo com maior intensidade.**

que nela, na vida, somos nós que definimos nosso papel, somos nós que devemos escolher entre ser, na nossa própria vida, e para nós, os mocinhos ou os vilões. Você é o personagem principal da sua vida, e seu papel deve ser o de alguém feliz acima de tudo, além de tentar ao máximo levar essa felicidade, que brilha em você, para todos ao seu redor.

Meu mundo é Rosa, meu cantinho é Rosa, porque Rosa é a cor do amor, foi neste amor que eu escolhi viver minha vida, sem preconceitos, sem julgamentos, sem condenação, pois devemos aproveitar nosso tempo com maior intensidade.

A vida está sempre em movimento, e isso, em um primeiro momento, pode não parecer ser muito bom, porque estamos constantemente esperando que as coisas sejam como são. Naturalmente temos medo do novo, mas a vida é movimento, e esse movimento não para simplesmente porque assim o queremos. Então, nós também devemos estar sempre em movimento. Não somos hoje como fomos ontem, nem seremos os mesmos amanhã.

Hoje eu gosto do meu Mundo Cor-de-Rosa, é nele em que me identifico, mas, se amanhã eu encontrar felicidade em outro lugar, "tá tudo bem

> **Não devemos ter medo de nos aceitar.**

também, porque meninas empoderadas não têm medo de serem felizes".

Sempre falo de empoderamento, ou seja empoderar-se na expressão de sua feminilidade, pois não devemos ter medo de nos aceitar. "Ah, você está velha demais para agir e se vestir como menininha". Certo, essa é sua opinião. Mas aí eu pergunto: E daí?

E essa pergunta não é uma ofensa e também não é um ataque. Trata-se de uma pergunta que direciona para o exato sentido: em que a felicidade de outra pessoa pode te fazer mais ou menos feliz?

Isso é exercitar a aceitação, e, quando fazemos isso, acabamos julgando menos as pessoas, porque, na verdade, nenhum proveito tiramos quando apontamos o dedo para alguém, quando criticamos ou quando emitimos algum juízo de valor.

Então, aceite. Aceite o outro, aceite o diferente, e aceite a si! Por fim, aceite o Rosa, em todos os seus tons variados. Permita que a felicidade entre pelas janelas da sua alma e faça resplandecer o que tem de melhor para mostrar ao mundo. Ademais, lembre-se: a curva mais bonita do corpo de uma mulher é o seu sorriso!

CHAVE 2

a Chave da Decisão

"Aprendendo a se posicionar. A autotransformação começa em frente ao espelho".

Não digo que minha vida tenha sido sempre um "mar de rosas", porque não foi, e a vida de ninguém é, mas, como disse Sartre: "Não importa o que o mundo fez com você, e sim o que você decide fazer com aquilo que o mundo fez com você". Sempre haverá momentos tristes, traições ou mesmo dias e noites em que a única coisa que você queria no mundo era um colo para chorar e chorar — e isso é natural penso eu.

A vida é feita de altos e baixos e o segredo é saber lidar com o que acontece de bom ou ruim em sua vida. Se está feliz ou triste, é porque tem um coração, não precisa de algum mágico em OZ para te fabricar um em lata; e se já tem um coração pulsante, significa que ainda há amor dentro

A primeira pessoa por quem você deve se apaixonar é a que está do outro lado do espelho.

de você, mesmo que pareça, em alguns momentos difíceis, que ele esteja fechado para isso. A primeira pessoa por quem você deve se apaixonar é a que está do outro lado do espelho.

> **Quando você sorri para o mundo, ele te sorrirá de volta.**

Para isso, basta abrir os olhos — e abra também sua boca na forma de um maravilhoso sorriso, para que você descubra a pessoa verdadeiramente encantadora que habita aí dentro. Quando isso acontece, não importa se em Rosa, Azul, ou em qualquer outra cor ou forma, quando você sorri para o mundo, ele sorrirá de volta, e então coisas maravilhosas irão ao seu encontro.

> **Aprenda a abrir os cadeados que impedem a sua felicidade.**

Por muitas vezes nos permitimos nos fechar para o mundo, nos permitimos trancar e esconder aquilo que temos de melhor por causa de coisas que não nos trazem felicidade, que não nos completam. É preciso estar pronta para encarar a vida como ela se mostra, porque a felicidade só pode ser alcançada através de um primeiro passo, que passa pela vontade de estar feliz.

Brinco muito que "ninguém quer o meu coraçãozinho cor-de-rosa", mas ter ou não ter alguém não é, e pode não ser o fator determinante

> *Sou a única responsável pela minha vida.*

para a sua felicidade, pois ela não depende de outra pessoa. Destranque as travas da sua vida, aprenda a abrir os cadeados que impedem a sua felicidade.

Um dos piores momentos da minha vida foi o término do meu segundo casamento. Eu dava muita importância a esse relacionamento, mas ele acabou e, na verdade, acabou de uma forma que eu não escolhi. Esse momento foi crucial em minha vida, pois a partir de então desejei com mais afinco ser feliz. A partir daí, consegui guiar a minha vida para romper cada uma das crenças limitadoras que existiam nela. Passei a me conhecer melhor e a identificar em mim o que precisava ser modificado, me aceitei e aprendi a me amar de uma forma que nenhuma outra pessoa poderia fazer por mim.

Hoje, graças ao que aprendi, após abrir os cadeados, sobre ser feliz todos os dias, estou vivendo o melhor momento da minha vida. Conheci pessoas maravilhosas, que não apenas me ajudaram, mas que somaram em minha vida da mesma maneira que eu somei na vida delas. Mas isso só foi possível porque, antes de mais nada, eu passei a não entregar a responsabilidade sobre a minha felicidade para outras pessoas, eu sou a única responsável pela minha vida.

> *A felicidade é contagiosa. Quando estamos felizes, estamos abertos a receber as boas energias.*

Quando assumimos de verdade a direção que nossas vidas vai tomar, espalhamos nossa alegria e nosso bem-estar ao nosso redor, porque a felicidade é contagiosa, e é quando estamos felizes que estamos abertos a receber as boas energias que o mundo pode nos trazer. Lembre-se de que a vida está sempre em movimento, ela não para, e nesse movimento você só conseguirá absorver coisas boas se, interna e externamente, estiver aberto a recebê-las. Se você se mantém fechado, a única coisa que poderá receber, ou captar do movimento da vida, são momentos que talvez não sejam tão bons.

Se você, como eu, nasceu de uma família sem boas condições financeiras, bom, isso não é o que te definirá enquanto pessoa ao longo da sua vida, é só o seu estado de partida, mas não irá te definir. Essa condição diz mais sobre onde você está, e não quem você é.

CHAVE 3

a Chave da Aceitação

"Ninguém vive em uma bolha. É preciso saber lidar com você mesmo, para só depois conseguir viver com os outros"

Todos nós temos personalidades que não são exatamente como gostaríamos que fossem, e isso é normal, imaginem como seria chato o mundo se todas as pessoas gostassem das mesmas coisas, ou pensassem de forma parecida?! O mundo é maravilhoso justamente por causa da diferença. Ela fará parte de qualquer pessoa desde a infância, então, é preciso que você exercite a aceitação e não só das pessoas distintas de você, mas também a sua própria diferença.

> O mundo é maravilhoso justamente por causa da diferença.

Se aceitar não quer dizer que você vá se conformar com o que não gosta. Mesmo que exista algo em você, quer seja no comportamento ou mesmo em seu corpo, que não te agrade, não há problema em mudar, mas você deve compreender que não será isso que te fará feliz: é apenas um caminho, e não o fim da jornada.

> **Para encontrar a felicidade dentro de você, é preciso que conheça a pessoa que você é.**

Então, a autoaceitação necessita que você primeiro se observe atentamente. É preciso que aqueles hábitos para os quais você costumava fechar os olhos sejam analisados de forma corajosa. O medo não pode nos impedir de realizar conquistas, e para encontrar a felicidade dentro de você, é preciso que conheça a pessoa que você é, só assim terá condições de modificar aquilo que, porventura, esteja te incomodando.

Sua felicidade só será alcançada após o momento em que o externo for exatamente da forma que você gostaria que fosse, e perceber que o que vem de fora pode passar a ser percebido e utilizado por você, da melhor forma que conseguir, para o seu melhor.

Ninguém é perfeito, saiba disso, mas você pode ser pleno à medida que se conhece e se aceita, com todos os seus defeitos e possibilidades. Porque quando você se aceita, automaticamente passará a aceitar as pessoas que estão ao seu redor, por isso que digo tanto que "meninas empoderadas não têm medo de serem felizes e mulheres empoderadas empoderam outras mulheres", porque no momento em que você abre o cadeado da perfeição idealizada, você estará apta a perceber no mundo toda a beleza que existe nele.

> *Meninas empoderadas não têm medo de serem felizes e mulheres empoderadas empoderam outras mulheres.*

Sabemos que muitas pessoas são motivadas por seus impulsos, e isso é um problema, porque o impulso é a razão das vontades mais primárias ou seja, tudo aquilo que você faz sem uma análise prévia de sua utilidade pode gerar consequências negativas. Um dos primeiros impulsos que nós somos ensinados a exercitar, por exemplo, é o impulso de comer, porque a comida é essencial para o correto funcionamento do nosso corpo, então nosso cérebro entende que precisa de comida, e só isso, esse é o comando primário. É por esse motivo que, por exemplo, é preciso ensinar as crianças a comer, e não apenas o que elas querem, mas aquilo que é bom para elas, pois o cérebro da criança ainda está em formação, então é preciso comer e adquirir a maior quantidade possível de calorias com o menor esforço possível, por isso uma criança escolherá, quase sempre, por um pedaço de doce do que uma cenoura.

Da mesma maneira funciona o cérebro em relação aos relacionamentos, e quando falo disso não estou dizendo apenas dos relacionamentos que você tenha com outras pessoas, mas, inclusive, que você tem consigo. Nós sempre optaremos pela escolha mais fácil, ainda que tenhamos a certeza de que aquilo não nos faz tão bem.

Aprender a lidar com suas escolhas de forma adequada é o primeiro passo para a autotransformação, para que você libere sua felicidade, desenvolva e exercite seu processo de escolha, não baseado em seus impulsos, mas naquilo que será melhor para você a curto, médio e longo prazo.

> **Aprender a lidar com suas escolhas de forma adequada é o primeiro passo para a autotransformação.**

Enganar-nos é a coisa mais fácil para nós por causa dessa "programação" que o nosso cérebro tem de buscar sempre aquilo que parece mais fácil ou mais confortável, e fingir que não percebemos os nossos próprios defeitos é, sim, muito mais confortável do que buscar mudança. É comum, quando pedimos a algumas pessoas para que se definam, ou seja, que nos digam como elas são, muitas vezes, elas irão definir a si de uma forma bem diferente de como você as enxerga, ou seja, todos nós temos um entendimento sobre nós e que muitas vezes não corresponde à verdade.

Por isso é tão importante, antes mesmo de modificar nossos hábitos de escolha, convivência e atitudes que tenhamos a exata noção de nós, inclusive em relação aos nossos defeitos, porque, repito, ninguém é perfeito. A perfeição é só uma ilusão nascida da nossa projeção.

Quando você descobre que tem alguns defeitos, ou seja, toma conhecimento de que não é perfeito e se aceita da forma que é, mesmo que isso te conduza a querer, e efetivamente mudar, de forma natural poderá aceitar os outros, ao menos que para compreender que aquela pessoa que te ofende ou que te agride de alguma forma está apenas mais distante do autoconhecimento e da autoaceitação.

> *A perfeição é só uma ilusão nascida da nossa projeção.*

CHAVE 4

a Chave do Hábito

> "Quando aprende a transformar sua realidade, em sua percepção, a pessoa se torna uma condutora da mudança que espera do mundo".

O hábito é o que nos facilita a viver o dia a dia. Entenda: ninguém acorda e precisa pensar muito para que vá ao banheiro escovar os dentes, ou tomar banho, porque isso foi um hábito aprendido desde sempre, e, depois de aprendido, foi sendo diariamente repetido, até o ponto de se transformar numa rotina que se torna parte do seu dia, por exemplo, ao abrir os olhos ou dormir, porque o seu cérebro se condicionou a considerar aquela ação como a forma mais rápida e mais fácil para conseguir aquilo de que precisa.

Por isso, para ter grandes mudanças em sua vida, é preciso primeiro identificar não o seu comportamento em si, mas os gatilhos que te fazem tomar sempre aquela mesma atitude diante de determinada situação. Depois de descobrir quais são, você poderá, aos poucos, alterar em sua

O hábito é o que nos facilita a viver o dia a dia.

> **Saboreie a vida, esteja aberto para valorizar cada instante.**

rotina esses gatilhos que te levam àquela situação em que você escolherá tal ou qual comportamento.

Saboreie a vida, esteja aberto para valorizar cada instante. "Ah, então eu não devo ter o mesmo relacionamento amoroso por um longo tempo?" você pode estar me perguntando, mas, veja, ninguém é a mesma pessoa todos os dias, então, quando falo para que esteja aberto diariamente ao novo, quero dizer inclusive em seus relacionamentos atuais. Sempre é tempo de conhecer algo novo no seu parceiro, até porque ele também estará em constante evolução, modificação, e isso pode ser algo maravilhoso. Imagine todos os dias se você, ao invés de ficar com raiva do marido, esposa, amigo, familiar, mudar de posicionamento ou de postura, estiver aberto para conhecer e aceitar esse novo ser que surge dia após dia em sua vida?

> **Todos nós estamos sujeitos às mudanças, e isso é bom.**

Além disso, estar aberto ao novo, diariamente, evita, inclusive, algo que constantemente vemos em muitos relatos: quem nunca conheceu, ou até mesmo é essa pessoa, que, depois de muito tempo convivendo com outra, de repente olhou para o lado e não reconhecia mais aquele ou aquela, pois antes ela não pensava assim, antes ela não fazia isso, antes ela gostava daquilo? Entenda que todos nós estamos sujeitos às mudanças, e isso é bom, porque estando aberto, você terá amplo conhecimento das transformações que ocorrerem nas pessoas que fazem parte do seu círculo de convivência. Assim, terá em mãos a possibilidade de, ou encerrar alguma coisa que já deu tudo o que tinha que dar, ou de construir um novo relacionamento em cima daquele inicial.

Meu caderninho cor-de-rosa

Antes de prosseguirmos para o próximo capítulo, gostaria de lhes apresentar "Meu Caderninho Cor-de-Rosa". Suas páginas foram entremeadas com as deste livro porque ambos fazem parte desse momento tão especial que vivo atualmente. Nele, anoto os nomes de todos vocês que, de alguma forma, participam desse período em que minha felicidade irradia e ilumina minha vida inteira em calorosas ondas de Rosa.

Durante nossa existência, nós nos relacionamos com muitas pessoas, algumas nos machucam e nos fazem mal, mas, em compensação, outras são um bálsamo que nos proporciona um bem-estar incrível.

Uma das trancas que mais impõe limites em nossa vida é a que nos força a lembrar daqueles que nos magoaram e a esquecer das pessoas, coisas e lugares que nos fizeram felizes. Justamente aí entra meu caderninho. Quando eu o folheio, reconheço aquelas pessoas que me fazem bem hoje e que certamente me trarão gratas lembranças desse momento maravilhoso amanhã.

Vocês sabem que, quando fazemos isso, auxiliamos nosso cérebro a ter acesso a nossas memórias felizes, aquelas lembranças que devolvem o sorriso a nossos lábios toda vez que a tristeza ou a dificuldade invade nosso coração e nossa mente?

Boas lembranças liberam a serotonina que é um hormônio fundamental para que possamos nos acalmar quando precisamos lidar com os infortúnios. Ela também nos dá condições para que nos concentremos naquilo que somos atualmente, pois a vida só pode acontecer no presente.

É uma grande alegria perceber que meu caderninho tem crescido muito nos últimos tempos. Cada nome que acrescento é gravado simultaneamente em meu coraçãozinho cor-de-rosa que os acolhe, sem exceção.

Minha intenção inicial era publicá-lo integralmente aqui, mas diferente do meu coração, meu livro é de papel e, portanto, tem limites de espaço. Muitos nomes estão impressos nessas páginas, mas pode ser que o seu não o esteja. Se esse for o seu caso, eu lhe garanto que você também está bem vivo em minha memória afetiva, pois todos vocês colorem minha vida de Rosa sempre que eu os visito no caderninho do meu coração.

CHAVE 5

a Chave do CONHECIMENTO

> "Toda mulher é uma originadora da vida e por isso, ao nos unirmos em amor e respeito umas às outras, adquirimos o poder de nos salvar do que nos oprime".

O maior investimento que podemos fazer é em nós, porque, quando adquirimos conhecimento, temos mais acesso às ferramentas neurológicas que nos possibilitam o fortalecimento na assertividade da tomada de decisões.

Pensem comigo: se você possui uma maior gama de conhecimentos, será mais fácil raciocinar sobre as possibilidades das suas ações. Mas, veja, tudo o que falo é embasado no conhecimento adquirido ao longo da minha vida, tanto em minhas experiências pessoais, quanto em meus estudos, mas eu não quero ser a detentora da verdade, e ninguém deve querer isso, porque esse pensamento é só a expressão da nossa própria vaidade; querer estar acima das outras pessoas é só uma maneira que encontramos para suprimir nossos próprios medos. Acredite, todas as pessoas que, ao longo da sua vida, te xingarem ou te humilharem, saiba que elas estão insatisfeitas com suas vidas.

> Vamos julgar menos, exercitar a aceitação e tentar, ao menos, espalhar por onde passarmos nossa alegria e nossa felicidade.

O que eu quero com este livro é poder auxiliar todos vocês a estabelecerem uma verdadeira Rede de Apoio, não apenas para mulheres, mas para todos aqueles que, por algum motivo, estejam sofrendo por não conseguirem se enquadrar naquilo que a sociedade deseja ou espera de você.

É preciso que aprenda a se apaixonar por você quantas vezes forem necessárias.

Então, vamos julgar menos, exercitar a aceitação e tentar, ao menos, espalhar por onde passarmos nossa alegria e nossa felicidade. Não deixe que o que os outros pensam de você defina suas ações e muito menos suas emoções.

> Quem se ama de verdade não julga os outros.

Tenha seus objetivos e suas metas claras sempre, e siga na direção de concretizá-los, não importando o que os outros irão pensar ou julgar, porque, como já disse, se eles estão julgando, é só porque ainda não adquiriram as ferramentas certas para o desprendimento necessário para não se machucar. Quando acusamos alguém ou quando atacamos outra

> Tocamos e somos tocados, de certa forma, por todas as pessoas e situações com as quais temos contato na vida.

pessoa, na realidade, a nível psicológico, estamos atacando a nós, e direcionamos essa nossa agressividade só porque não conseguimos lidar com aquilo que enxergarmos de errado no outro. Quem se ama de verdade não julga os outros.

Claro que eu não estou dizendo que você deva ser narcisista. Você não é a única coisa que importa no mundo, mas você é, sim, a pessoa mais importante para você. E a sua simples mudança de sua postura em como se enxerga, através do seu exemplo, estará influenciando outras pessoas.

Lembre-se de que tocamos e somos tocados, de certa forma, por todas as pessoas e situações com as quais temos contato na vida, mas podemos, primeiro, escolher não sermos tocados de forma negativa, ou

> *Não viemos ao mundo para sermos vítimas.*

pelo menos de não valorizarmos tanto esses encontros, e, segundo, tentar ao máximo realizar somente coisas boas. Ou seja, precisamos aprender a levar dos outros só o que for bom, e, ao mesmo tempo, deixar só positividade.

Fuja das Pessoas Narcisistas

Ao contrário do que o senso comum acredita, as pessoas Narcisistas são aquelas que precisam ser o centro da vida da outra pessoa, precisam que você seja o motivo da felicidade dela. Ela transfere para o outro a responsabilidade para que sua felicidade dê certo. E isso é muito ruim, quer seja você a vítima de uma pessoa ou a própria.

Então, a aceitação não quer dizer que você deva se manter, por exemplo, em um relacionamento abusivo, porque será tóxico.

As pessoas Narcisistas são aquelas que sempre se colocam na posição superior, olhando para a vida das outras pessoas e que se colocam na posição de vítima quando falam sobre si.

Não viemos ao mundo para sermos vítimas. Não é porque somos mulheres que somos vítimas, na realidade nenhum ser humano deve se colocar nessa posição, mas note que, ao mesmo tempo em que não

Ninguém é juiz de ninguém!

nascemos para isso, também não nascemos para sermos algozes. Ninguém é juiz de ninguém! Só há um juiz, e este é Deus, e ele só deseja a felicidade de cada ser humano.

Sei que é muito difícil se afastar de alguém narcisista, ou mesmo identificar-se como sendo um, e é por isso que é tão importante essa Rede de Apoio de que eu tenho falado. Não tenha medo de estender a mão, e, a nível pessoal, é preciso se conhecer sem medo do que irá

> É preciso se conhecer sem medo do que irá encontrar dentro de você.

encontrar dentro de você, porque é só assim que poderá se tornar uma pessoa melhor. Não conheço outro caminho, além do autoconhecimento.

Não tenha medo de mudar!

E essa mudança primeiro, tem de partir do nível individual.

Meu caderninho cor-de-rosa

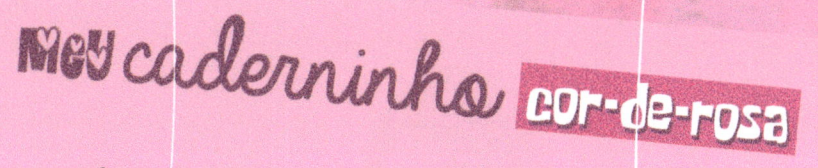

Ana Heloísa, Ana Júlia, Ana Laura, Ana Lúcia, Ana Luiza L, Ana Maria, Ana Sofia, Ana P Iluminada, Ana Paula, Ana Sophia, Ana Souza, Ana Thaila, Ana Vieira, Anaa, Ana Vitória, Ananda, Anderson, Tampinha, André, Andreia Paula, Andressa, Ana lu, Bernardo Sgrott, Beto Reparos, Bianca, Biazinha, Brenda Lezie, Bru And, Bruna, Brunna, Bruno, Caco Henrique, Caio Reisen, Camila, Camile Maria, Camilinha, Camilly, Camily, Candy Pink, Candy Zezoca, Carina, Carine Simone, Carla, Carlos, Andreya, Angel Mary, Angela Carla Santos de Souza, Angela Russo, Angelica Lima, Ângelo Labbadia, Aninha, Aninha Loca, Anita, Anna Laura, Anna Luíza, Anne Andressa,

CHAVE 6

A Chave da autoestima

"Só os seus pés irão saber as dificuldades do caminho".

Não dê importância para os padrões, importe-se e seja quem você é. Ninguém, entenda, ninguém precisa de outra pessoa para ser feliz, porque a felicidade é algo que só depende de você.

Autoestima é uma plantinha que precisa ser regada todos os dias.

Então, nunca perca a oportunidade de se elogiar e de enxergar em você as suas qualidades. É muito comum que a gente tenda a fechar os olhos para as nossas próprias qualidades, e isso se dá porque constantemente damos aos outros o poder sobre nós, porque só serei feliz se eu tiver isso, ou aquilo, se eu for amada por esta ou por aquela pessoa. Veja que, ao fazer isso, você está sempre condicionando sua felicidade a algo que, na verdade, não controla, porque não controlará a decisão do outro, não vai conseguir transformar uma situação concreta para se adequar àquilo que você esperava ter, e não aquilo que você tem, aquilo que você é.

A felicidade é algo que só depende de você.

> Autoestima é uma plantinha que precisa ser regada todos os dias.

Mulheres empoderadas tornam-se donas do seu próprio caminho, é isso que precisamos entender enquanto mulheres. Empoderamento não é apenas ter um bom emprego ou conseguir a liberdade financeira, essas coisas são muito boas e necessárias, é claro, mas pensar em empoderamento sem o autoconhecimento e sem viver sua vida é apenas um engano, apenas um empoderamento superficial.

É lógico que todos nós queremos um bom relacionamento, mas isso, assim como qualquer coisa na nossa vida, também é uma construção, e não uma imposição. Então, seu parceiro ou parceira precisa somar, até porque ninguém se aproxima de outra pessoa, na maioria das vezes, com interesse em diminui-la; o que acontece é que, por inse-

> Mulheres empoderadas tornam-se donas do seu próprio caminho.

gurança, acabamos causando não a soma de sentimentos bons, mas a diminuição da própria pessoa, porque, no fundo, você acredita que não seja merecedor de quem você gosta.

Isso é subtrair na vida de alguém por medo de perder a pessoa, quando, na verdade, o relacionamento seria mais saudável se as duas pessoas vivessem em prol da liberdade uma da outra. É basicamente se manter com alguém, ou que alguém se mantenha com você, pela própria escolha, porque é bom estar ao seu lado, é bom estar ao lado da outra pessoa. É isso que significa tornar-se a dono do seu próprio caminho, ainda que seja dividido com outra ou outras pessoas.

> Por trás de toda grande mulher existe ela mesma.

Meu caderninho cor-de-rosa

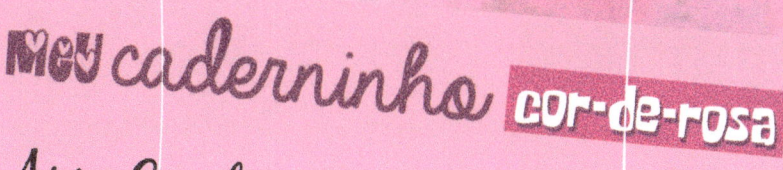

Anne Cavalcanti, Antonela, Antônia Gabrielly, Antônio Batista, Antônio Flávio, Any, Ariane, Audelane Guimarães, Aylah Beatriz, Ayme, Aysla Paim, Ayssa Manoela, Bárbara, Basílio, Beatriz, Beatryz, Bela, Belle, Benedito, Diovanna Emanuelle, Djavan Lima, Doro Duarte, Dr Bruno Lins, Dr Marcello Advogado, Dr Vagner, Duda, Dudah, Dudinha, Dudinho, Dudu, Eddie. Lavinisk, Edmilson, Edna, Ednalva, Edson, Eduarda, Elaine, Elexandre, Eliana, Eliene, Elisa Gabriely, Elisa, Elisandra, Elivânia, EliZa, Ellen, Elleonora, Carlos ADV, Carlos (Xandy), Carmen, Carol, Carolina Gomes, Caroline, Carolzinha, Catarina, Celma Cris, Celso Alves, Cézar Augusto, Charli de Mello,

CHAVE 7

a Chave da felicidade

> "Saber abrir mão também é a essência da sabedoria. Seja quem você merece ser".

As mulheres, desde sempre, quando ainda são meninas, são acostumadas e educadas a se considerarem, e também a se comportarem, como o sexo frágil, como aquela que deve ser obediente, primeiro aos pais e depois ao marido e à sua família.

Somos ensinadas a suportar as dores do mundo; somos nós que sentimos as dores do parto, ou, antes, nos pés inchados e no acúmulo de líquidos no período de gravidez; somos acostumadas a considerar normal aceitar traições de nossos maridos "pois assim são os homens", nos dizem.

Algumas de nós são educadas desde cedo para que tenham vergonha de seus corpos, ou de exercitar seus desejos e sua sensualidade. Somos sempre as primeiras a ser julgadas, as primeiras a ser consideradas as culpadas. Assim, muitos dizem: "Ora, se seu marido a traiu é porque ele precisou procurar fora de casa o que dentro dela não achava, assim, a culpa é sua".

Venha comigo, venha conhecer o MEU MUNDO COR-DE-ROSA.

Não podemos usar as roupas que queremos, e até mesmo no que dizemos, precisamos sempre manter a postura que o mundo espera de nós.

Acredito que Deus, em sua infinita misericórdia e sabedoria, nos criou para viver em liberdade a nossa felicidade, na plenitude daquilo que podemos ser. Então, o que te faz feliz? E quais são as correntes que te impedem de correr livre o mundo?

Não importa o que te façam, ou mesmo a dor que te causaram, muito menos o que as outras pessoas esperam de você. Por isso eu te convido de forma tão especial: venha comigo, venha conhecer o MEU MUNDO COR-DE-ROSA, porque a "mãe tá on e tá muito feliz assim!"

A felicidade é um exercício diário e contínuo.

A maior e mais importante chave para encontrar a sua própria felicidade é constituída por três passos: primeiro, o autoconhecimento, segundo, ainda mais importante do que encontrar-se dentro de si, é aceitar o que você é e, por fim, permitir-se ser aquela que você encontrou dentro de si. A felicidade é um exercício diário e contínuo, e que, ao contrário de uma academia, não exige muito esforço, mas, sim, coragem, e acima de tudo, que você esteja aberta a aceitar. Exercite primeiro a aceitação de você e, depois, quando tiver aceitado quem é, irá perceber que está tudo bem ser assim. Não há estereótipos que te definam, porque

Não tenha medo de ser feliz. Não tenha medo de ousar.

em todo o universo não encontrará outra pessoa igual a você; você é única, e é especial por isso. Então tenha o hábito de praticar a aceitação.

"Ah, mas como superar a dor que outros nos causam?" Eu sei que essa pergunta sempre nos atormenta. Como lidar quando confiamos em

> Quem pinta as cores desse mundo sou eu.

alguém e esse alguém, por qualquer que seja o motivo, não dedicou a nós o mesmo carinho e o mesmo cuidado que tínhamos para com ele?

Todos nós passamos por experiências assim na vida, e por muitas vezes eu escutei que a vida não era um mar de rosas, e até cheguei a acreditar nisso, mas só até perceber que quem pinta as cores desse mundo sou eu. Nosso mundo será tão feliz e colorido quanto permitirmos que ele seja. Se te magoaram, é porque você deu a outra pessoa essa função.

Agora pense comigo: o que é a felicidade? É sentir-se em paz? É ser amada? É estar com a pessoa amada? Porque se for isso que te faz feliz, ora, então tenho algo para te contar: cada momento em que está vivo é, por si só, um momento de felicidade, porque estará com Deus, pois Ele está em todo lugar, é tudo. Entendendo essa verdade, de que você é amado por Deus, só por existir e ser quem você é, encontrará paz.

> A paz e a felicidade estão dentro de cada uma de nós.

A paz e a felicidade estão dentro de cada uma de nós. Então, não se trata de superar a dor que outros te trouxeram, é se decidir a ser feliz, não importando quem decida ou não querer fazer parte da sua felicidade. O outro em sua vida não deve ser o objeto único de sua alegria, pois você não existe pelo outro, você existe, e é feliz com isso, e se outra pessoa quiser fazer parte dessa alegria, deve somar-se a você.

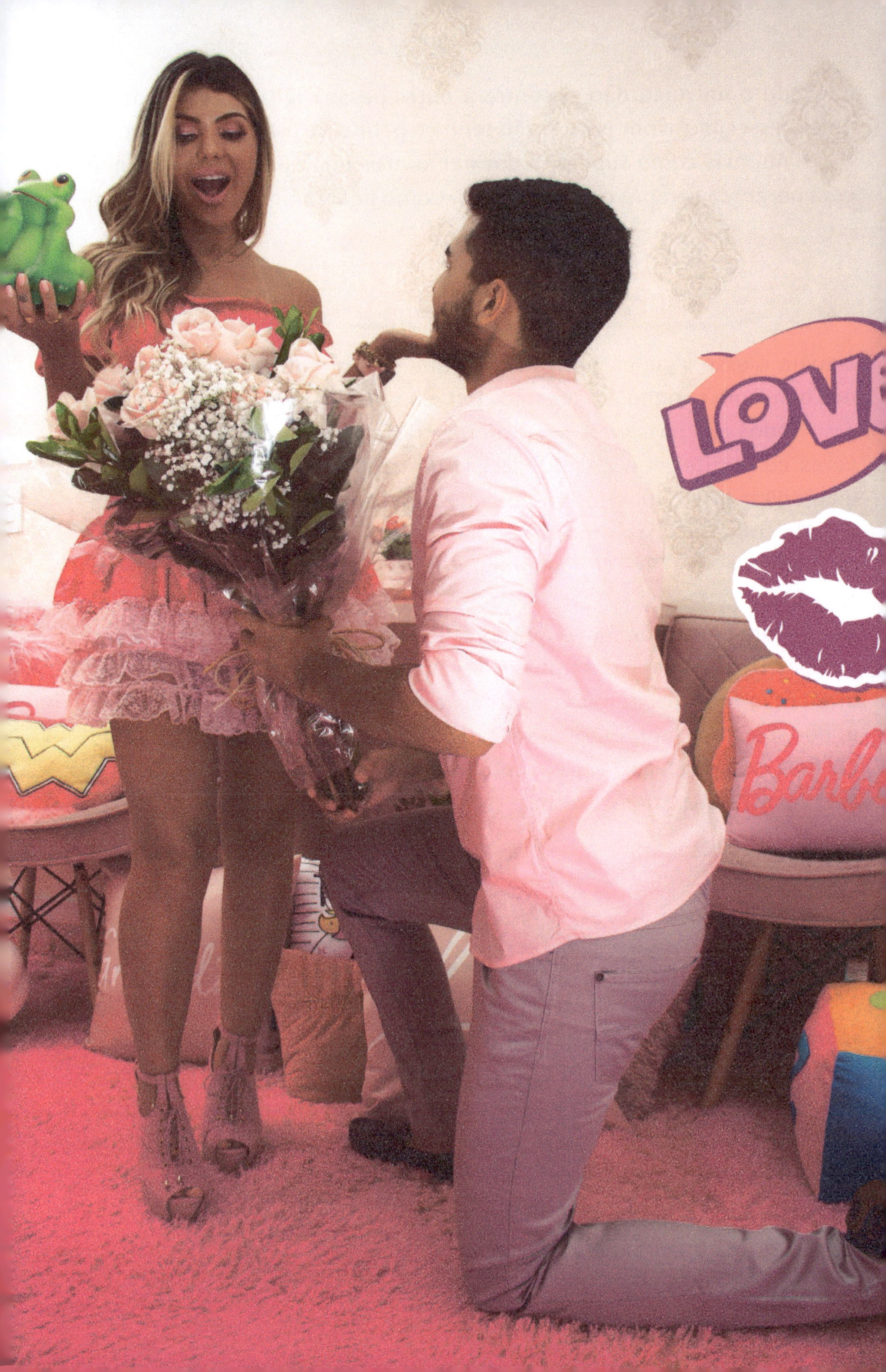
LOVE

CHAVE 8

A Chave da Cinderela

"As expectativas não devem assumir o posto que pertence aos olhos".

Desde muito novinhas, as mulheres da atualidade são expostas a duas orientações básicas, uma que dita seu comportamento e estabelece as boas maneiras, e outra rígida norma de etiqueta comportamental, que são expressas por ordenamentos sociais, como: "não se sente de pernas abertas", "mocinhas não falam palavrão", "a mulher não pode tomar a iniciativa na paquera", "não pode sentir prazer", entre muitos outros ordenamentos que vão aos poucos minando e condicionando a feminilidade daquela menina. Essa é a primeira informação.

A segunda, que nasce dessa primeira orientação descrita acima, e que com ela se liga de forma tão profunda que chega mesmo a produzir os mais perversos efeitos na fase adulta, é a ideia de que, como prêmio por ter sido uma "boa menina", ela receberá o seu príncipe encantado, que é nada mais senão a figura de um homem atencioso e carinhoso que proverá, não apenas suas necessidades materiais, como também suas necessidades afetivas.

Da junção dessas duas orientações recebidas desde o berço é que nasce a frustração quando esse príncipe se revela, não um sapo, mas um humano, cheio de falhas e movido por seus desejos de satisfação. É porque essa menina aprendeu a validar sua beleza e sua autoestima segundo aquilo que via projetado na concordância dos outros.

> **A beleza está nos olhos de quem vê.**

Ou seja, "se o padrão de beleza é este" esse é o pensamento gerado por essa situação, "então, eu só serei bela e, por consequência, merecedora da felicidade que me trará o príncipe encantado, se eu também for bela desse jeito".

Mas aí temos um problema, porque, primeiro, a beleza está nos olhos de quem vê, e segundo, que todos somos belos da nossa maneira individual.

Quantas vezes você já não se deparou com alguma pessoa que, não seguindo o padrão de beleza estabelecido como o desejável, ou o adequado, ainda assim, por sua personalidade, sua alegria contagiante, aos seus olhos, se tornou um verdadeiro príncipe encantado, mesmo que seu cavalo branco não estivesse a seu lado?

Isso ocorre porque, ao vibrar na frequência do amor-próprio, essa pessoa faz vibrar naquelas outras que a cercam a mesma alegria, a mesma satisfação de si, gerando como resultado a percepção de beleza, não

> **Nossos sentimentos contagiam e transformam o ambiente.**

uma beleza plástica, mas uma beleza real, porque será o reflexo da melhor versão daquela pessoa. Ou seja, os nossos sentimentos contagiam e transformam o ambiente. Sendo eles bons, a tendência é que tudo a sua volta seja energizado por coisas boas. É claro que também o contrário acontece, quando é o caso de encontrarmos aquela pessoa lindíssima, mas que está sempre para baixo, sempre de mau humor, e são aquelas pessoas que, num primeiro olhar, são lindíssimas, mas a beleza delas vai aos poucos minguando. Na mesma velocidade com a qual você a desco-

> **Você é o mestre de sua mente, de seu corpo e de sua vida.**

bre, enquanto sente a vibração negativa que dela exala e, ao fim, aquela pessoa que era tão bonita passa, de repente, a ser feia.

Assim é a ideia do príncipe encantado, que sempre parece ser exatamente aquilo que sonhávamos, mas que, aos poucos, na medida em que você conhecer mais a fundo o que é aquela pessoa, o encanto vai sumindo, perdendo a cor.

Não espere por um príncipe encantado, e nem viva sua vida para tentar se tornar merecedora de uma felicidade recebida por uma outra pessoa. Você é o mestre de sua mente, de seu corpo e de sua vida.

A maior fonte de felicidade e autorealização para sua vida vem de seu autoconhecimento e autopromoção.

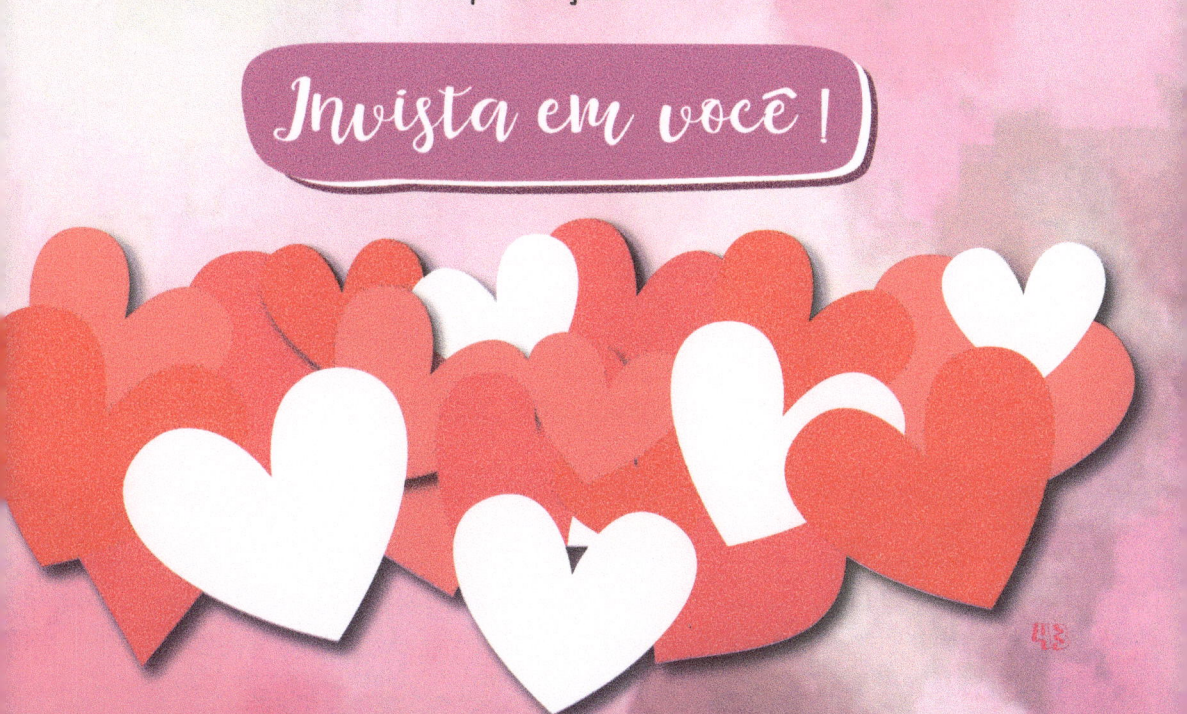

> **Invista em você!**

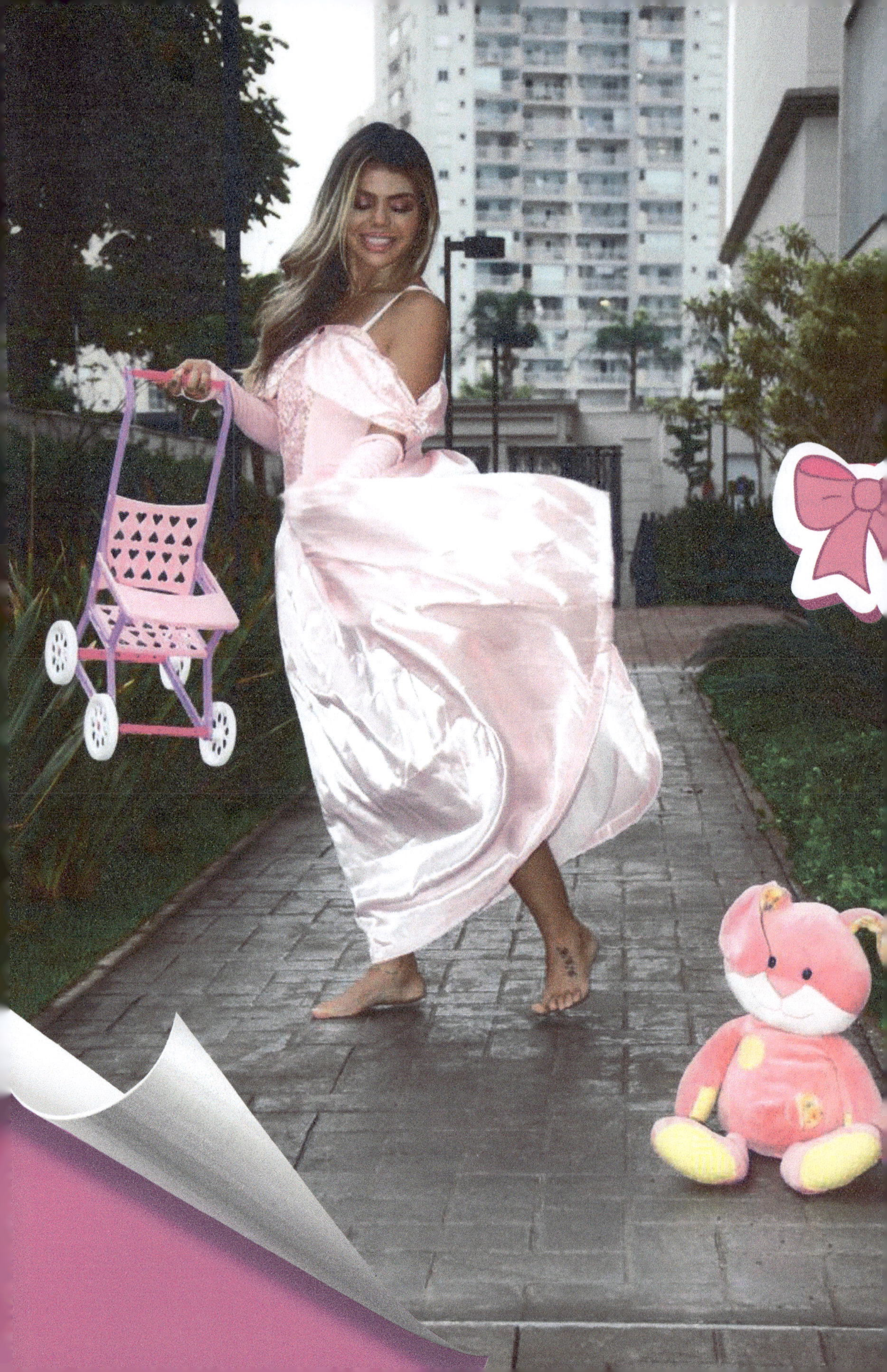

CHAVE 9

a Chave do Rosa

"A aceitação é o ponto fundamental para abrir a porta do sucesso".

As perguntas que mais recebo são sobre os motivos de eu ter escolhido viver sob o Rosa: "por que viver em uma casa cor-de-rosa?", "você não enjoa?", ou "você não está velha demais para tanto Rosa?".

Bom, sobre isso, preciso explicar algumas coisas: primeiro, entenda que todo ser humano vem ao mundo para ser feliz, essa é nossa programação básica, sermos felizes. Ao longo de nossas vidas, podemos, às vezes, encontrar coisas, ou pessoas, ou mesmo regras de conduta, que nos acabam servindo de obstáculo para a realização plena daquilo que nos torna felizes, então, não há idade para fazer aquilo que você gosta, aquilo que te dá prazer.

A vida é muito curta, em especial a vida humana. Podemos dizer que nossa vida é uma piscada de olhos de Deus, e não acho que Deus, em sua infinita misericórdia e bondade, teria nos colocado neste planeta para que passássemos os dias de nossa curta vida em tristeza ou depressão.

Lembra do Rei Davi, que dançou ao entrar em Jerusalém?

Por que ele fez isso? Porque a dança era a forma de ele mostrar a Deus o quanto seu corpo e seu espírito estavam felizes, então ele assim o fez, e garanto que ele, em sua magnitude, ouviu reclamações e críticas,

> **Não há idade para realizar seus sonhos ou para viver sua felicidade de forma plena.**

tanto dos que não gostavam de música ou dança, quanto daqueles que, não podendo ou não tendo tido a coragem de serem felizes, tenham se amargurado e se fechado em uma bolha de ressentimento.

Essa foi a primeira observação. A segunda diz mais sobre minha vida, mas acho importante explicar, não para te convencer a escolher pelo Rosa, ou mesmo para que você tenha algum tipo de empatia por mim, mas somente para demonstrar o que eu disse antes: que não há idade para realizar seus sonhos ou para viver sua felicidade de forma plena.

Minha infância foi muito restrita financeiramente. Vivíamos numa cidadezinha do interior e, apesar de eu ter sido sempre feliz, em especial pelo contato tão próximo com a simplicidade, comum às crianças de interiores rurais, como correr descalça, andar de carrinho de rolimã com os meninos, chupar frutas diretos dos pés, ouvir e dançar ao som do meu ídolo Michael Jackson, acho que sempre busquei ser feliz onde quer que eu estivesse.

Mas o fato é que éramos uma família muito humilde e simples, e quando eu era garotinha, na época em que eu brincava de boneca, lembro de rasgar as boquinhas delas e dar comidinha, hahaha o problema que era comida de verdade, elas não tinham o cheiro bom, mas eu me divertia. Lembro também que o que eu mais queria, em relação a brinquedos, era justamente um carrinho de boneca. O carrinho era lindo, todo em Rosa e com várias gradações de cores!

Não teve uma única vez que eu não tenha visto o tal carrinho de bonecas, quer fosse em alguma loja ou na televisão, e não tenha brilhado os olhos, sonhando em como levaria minha bonequinha para tomar sol sentada naquele carrinho cor-de-rosa.

Mas não tínhamos condições, e havia coisas mais importantes com as quais meus pais tinham de se preocupar, então fui crescendo, e aquele carrinho se tornou para mim uma espécie de símbolo, uma lembrança de que, acima de qualquer coisa, não importasse o mal que as pessoas me tenham feito, ou quais fossem os desafios que a vida me imporia, eu seria feliz!

Eu seria feliz porque isso era o que Deus queria. É isso que ele quer, Deus é bondade, Deus é amor.

E se o próprio filho unigênito do criador, Jesus, quando nos veio visitar, nos orientou pelo caminho da aceitação e da irmandade, por que devemos julgar os nossos semelhantes?

Por que a felicidade de alguém deveria me incomodar?

Menos julgamento e mais aceitação!

Eu não fico mais ou menos feliz se há alguém perto de mim que esteja contente. Entretanto, se a felicidade alheia te causar incômodo, talvez o problema não esteja na outra pessoa, e sim em você. É você que provavelmente foi ferido por algo ou por alguém e, não sabendo lidar com a dor que lhe foi causada, se fechou para tudo e para todos.

"Menos julgamento e mais aceitação" é o que repito sempre, e principalmente quando me vejo julgando alguém, porque isso também não é algo que podemos fazer de forma automática, mas precisamos exercitar isso. Qualquer conhecimento precisa de constante treino e exercício, e também é assim com a aceitação: precisa ser exercitada diariamente.

"Mas você não enjoa do Rosa?" Outras pessoas me perguntam às vezes.

No momento, não. Mas, se em algum dia, eu enjoar, tudo bem, aí eu mudo. Não gosto de rotina mesmo.

Só agora, depois de dois casamentos, que, infelizmente, não foram o que eu sonhava, e depois de ter sido mãe de um filho lindo, é que eu finalmente pude ter o meu mundo cor-de-rosa, então, minha casa cor-de-rosa, em sentido metafórico, é uma espécie de presente para mim, talvez nem tanto para aquela que sou hoje, mas também e acho que principalmente, para aquela garotinha que fui na infância, que passou noites sonhando com aquele carrinho que eu não podia ter pelas circunstâncias da realidade.

"Mas você não está velha demais para brincar de casinha de boneca?" Questionam-me também.

> Um dos caminhos para a felicidade é a sua própria aceitação.

Primeiro: quem disse isso? Quem estabeleceu qual é a idade para realizar nossos sonhos, desde que isso não machuque e não ofenda a ninguém?

E, segundo: por que isso deveria te incomodar? Ou por que o sorriso de outra pessoa deveria ser para você um motivo de ódio e raiva?

Quando falo e peço por menos julgamento e mais aceitação, não estou dizendo só para que vocês tentem exercitar isso para com as outras pessoas, mas para com vocês. É preciso que não sejam tão severos com vocês. Um dos caminhos para a felicidade é a sua própria aceitação.

> A coisa mais importante para sua felicidade é o seu sorriso.

Não espere de outro o que na verdade só depende de você, e de como você escolhe lidar com as coisas que te fazem, ou que com você tenha acontecido.

Então, o que te faz feliz? O que é preciso para que esse sentimento de felicidade seja constante em sua vida?

E agora, o que te falta para buscar essa felicidade?

É um quarto cor-de-rosa? É um carrinho de boneca? O que é?

Aceite e vá atrás. Não ligue para qualquer tipo de julgamento das pessoas, pois elas, na maioria das vezes, só o fazem por não saberem lidar com as próprias dores. E tudo bem também, as pessoas têm tempos distintos, tanto para se aceitar quanto para serem aquilo que querem ser, e não há problema — da mesma forma que não há idade ou lugar para ser feliz.

Lembre-se: a coisa mais importante para sua felicidade é o seu sorriso, que é, aliás, como sempre digo, a curva mais bela do corpo de uma mulher.

Meu caderninho cor-de-rosa

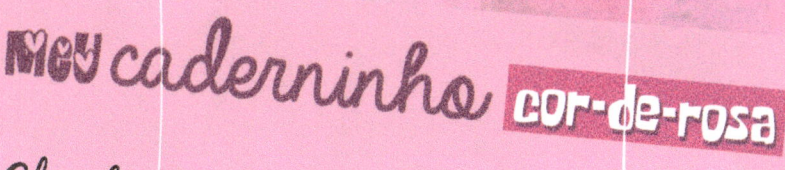

Charlene, Chauane Gabrieli, Cinthia, Cinthya, Cinthya Souza, Cládio Kcau, Clara Campos, Clarice, Claryssa, Cláudia, Claudineia Lopes, Claudinho Garcia, Cláudio, Cleber Lima, Cleide Marinho, Cleidsonm, Eloá, Eloáh, Eloisy, Elyas, Emanuele, Emelly, Emíllia, Emilly, Erica, Erick Emanuel, Estefane, Ester Gabriely, Evandro, Evely, Evelyn, Evici, Evilly, Fabiana, Fabiano, Fábio, Fátima, Fefê, Fernada, Fillipe_Sgrott, Constanza, Cris Decor, Cristiane Veda, Cristiano Nascimento, Cristina Bastos, Dafny Camily, Daiane, Dalia Lis (Vovó do Tik Tok), Dani, Daniel, Daniela, Danieli Santos, Danielle, Dany Dyas, Dariely, Darly Alves, David, Cochicho, Débora,

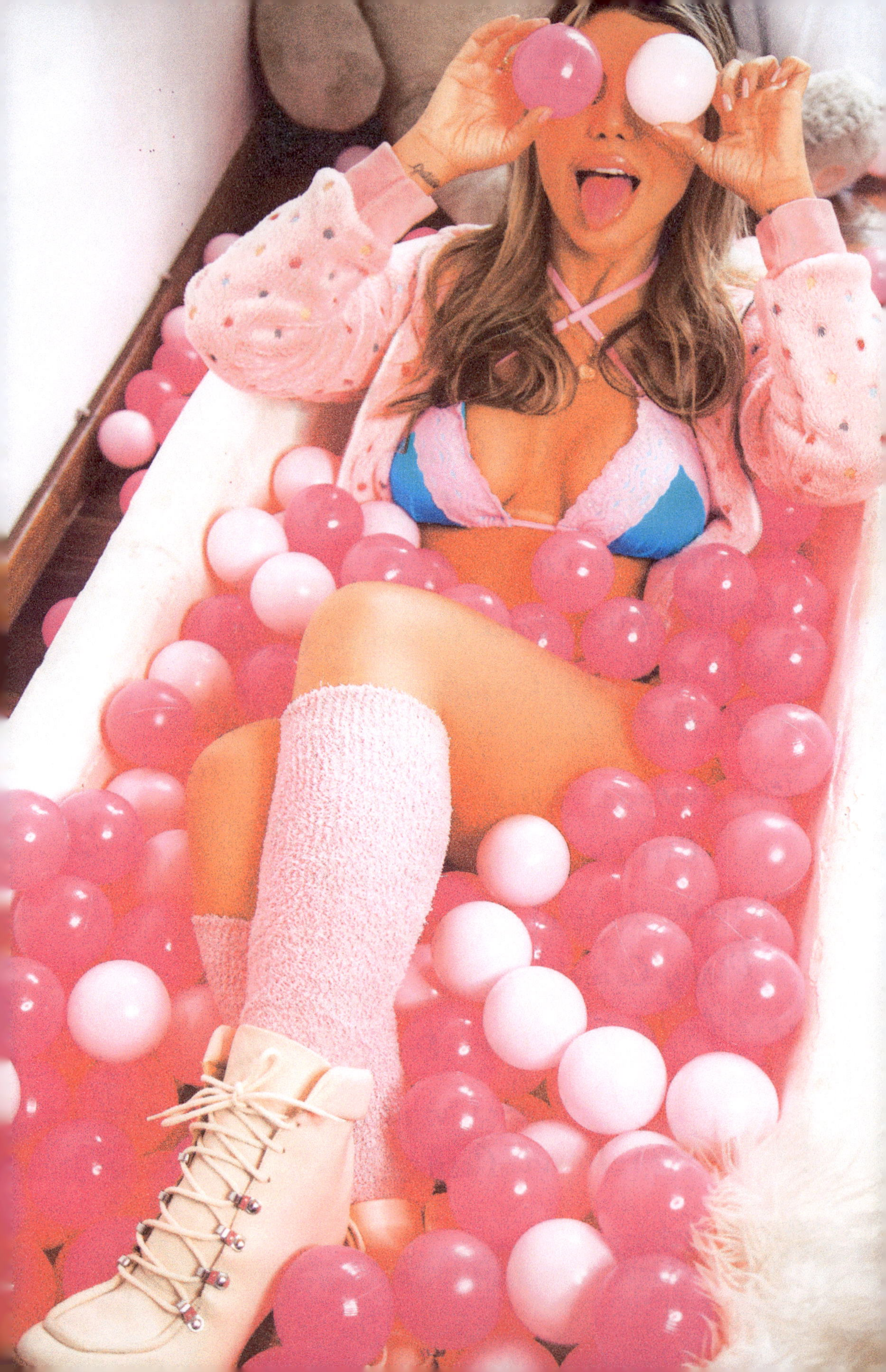

CHAVE 10
A Chave da Superação

> "Coisas ruins vão acontecer, sempre acontecem, mas os que conseguem triunfar não são os mais fortes, que não se abalam nunca, mas os que continuam em frente, os que deixam no passado aquilo que pertence ao passado".

De todos os momentos na vida, em especial os ruins, que te causaram muita dor ou sofrimento, a parte mais desafiadora é superar esse sentimento e, principalmente, conseguir se reencontrar na vida e se reconstruir.

Quando me casei pela primeira vez, eu era muito jovem, e meu marido era um homem maravilhoso, e ainda é, mas nossa relação era mais pautada por uma forte amizade do que por coisas como paixão, então, no fim de algum tempo, acabamos por decidir nos separar, apesar de continuarmos amigos — até porque ele é o pai do meu filho, e é um excelente pai.

Mas então eu conheci, pouco tempo depois, um homem que era, em todos os aspectos, a verdadeira correspondência do que os contos de fada dizem sobre os príncipes encantados. Casei-me com ele e, por muito tempo, eu realmente me sentia vivendo num mundo encantado, era feliz e sentia-me realizada.

No entanto, certo dia, descobri uma terrível traição em minha vida: meu marido, aquele homem que até então eu considerava perfeito, havia me traído. E o pior dessa situação nem era a traição desse homem, mas a pessoa com quem ele havia se relacionado: era uma de minhas irmãs, mais jovem que eu.

Nem preciso dizer que isso teve um efeito devastador sobre mim, em especial em minha autoestima. Não digo que não tenha sofrido, sofri e muito. Mas, logo após ter recebido o golpe, eu pedi o divórcio.

> Você precisa ser a pessoa mais importante para você na sua vida.

Percebam que isso, apesar de parecer um enredo de uma novela mexicana, acontece com mais frequência do que pensamos, e muitas mulheres aceitam continuar nessa relação por vários motivos, como dependência, seja financeira ou emocional, ou para não desfazer a família, pelos filhos, pela idade etc.

E tudo bem se a pessoa aceitar viver em uma situação dessa e conseguir ser feliz, não há nada que impeça alguém de continuar assim, e, como disse, menos julgamento e mais aceitação. Eu, no entanto, jamais seria feliz com isso.

Divorciei-me e decidi mudar a minha vida. Ora, eu sempre quis ter uma casa cor-de-rosa, então eu começaria por aí, porque, para superar aquela situação ruim, eu precisava de algo que pudesse trazer de volta para minha vida a minha essência enquanto pessoa, enquanto mulher.

A traição é muito triste. Após ter depositado sua confiança em uma pessoa e se dedicado de corpo e alma a um relacionamento, a dor que lhe sobrévém, quando descobre que foi enganado, é lancinante. Eu me vi nessa situação e coloquei-me de frente a duas opções possíveis. A primeira seria simplesmente fechar-me para a vida por medo de ser de novo ferida por outro alguém, construir em torno de mim um muro intransponível. A segunda seria arregaçar as mangas e partir para a reconquista de minha felicidade, mas, dessa vez, amando a mim mesma acima de qualquer outra coisa. Tive a certeza de que essa segunda atitude deveria ser meu novo caminho quando percebi que não necessitava da presença de outra pessoa para que eu me sentisse completa, não precisava ancorar minha vida na de outrem para me sentir realizada. Então, não quero aqui dar lições de moral, ou dizer que

> A mãe tá ON, e tá feliz.

se eu consegui superar minha dor você também pode, não; estou dizendo que você precisa se amar antes de qualquer coisa; que você precisa ser a pessoa mais importante para você na sua vida, e é por isso que eu sempre digo "a mãe tá ON, e tá feliz", porque a felicidade é uma escolha, não precisa de outra pessoa para se concretizar.

Quando meu segundo casamento chegou ao fim, é lógico que eu não estava preparada, foi totalmente inesperado, mas, ainda assim, superei e fui logo buscando o que me dava felicidade, o que me tornava completa. Quer seja nas roupas que eu uso, ou nas palavras que eu falo, nas viagens que eu realizo ou mesmo na minha casa cor-de-rosa, eu estava, e estou sempre, em busca constante da minha felicidade.

E é justamente essa busca pela felicidade que te faz feliz, porque, ao mudar as pequenas coisas, e buscar a felicidade em cada momento, em cada instante de cada dia, em todas as situações, você estará condicionando seu cérebro a sentir-se feliz. Aos poucos, seu desejo pela felicidade brilhará de forma tão intensa dentro de você que iluminará

> Seu desejo pela felicidade brilhará de forma tão intensa dentro de você que iluminará toda sua vida.

toda sua vida, e daí só vem coisas boas, porque tudo, desde o final de um relacionamento, por mais que tenha acabado sem a sua vontade, até as coisas menores, como a perda de um emprego, por exemplo, pode ser aproveitado em prol da felicidade, pois a felicidade plena é sempre a busca, e deve sempre ser treinada, codificada e exercitada pela sua mente e pelo seu corpo.

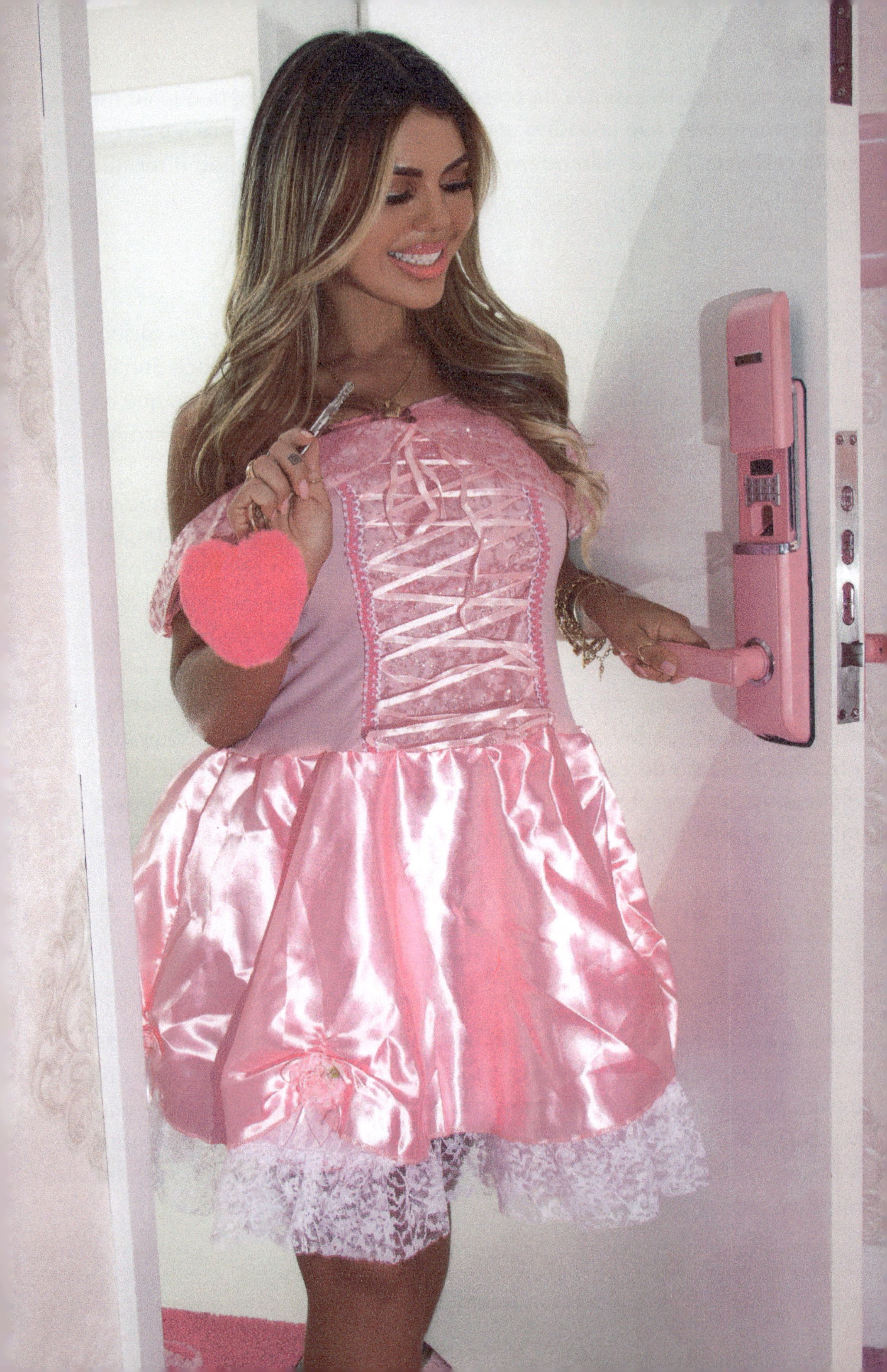

CHAVE 11

A Chave do empoderamento

"Meninas empoderadas não têm medo de serem felizes".

"Mulheres empoderadas empoderam outras mulheres".

Hoje em dia é muito comum falar de empoderamento feminino, e muitas pessoas afirmam que pretendem libertar a mulher de determinados padrões impostos pela sociedade, no entanto, o que fazem é estabelecer outros novos padrões que devem ser seguidos pelas mulheres para que sejam consideradas como empoderadas.

Isso, muitas vezes, conduz o pensamento feminino a outra série de ordenamentos que só fazem trocar as antigas prisões por outras, quando, na verdade, o correto seria: não há uma forma correta de ser mulher e de exercitar sua feminilidade.

Por exemplo, é natural de toda mulher ser, aos olhos dos homens, sensual, e não há problema nisso, a sensualidade faz parte da vida, em especial de uma mulher. É claro que, naturalmente, a sensualidade não deve e não vai definir o que é uma mulher. Mas o que é preciso ficar cla-

Qual o problema em expressar seu lado feminino?

ro é que cada um se expressa conforme aquilo que o satisfaz, e se esta forma de se identificar e de vivenciar seu corpo não estiver ofendendo ninguém e só está levando alegria aos outros, qual o problema em expressar seu lado feminino?

O que eu proponho é que nós, mulheres, possamos nos libertar desses padrões estabelecidos por outros e deixar de seguir regras e mais regras, todas preestabelecidas, muitas vezes, por homens e pela mídia. Refiro-me aqui tanto à proibição de usar roupas curtas, quanto também de não se arrumar ou não se depilar, pois as duas são formas de controle, as duas são formas da sociedade dizer o que e como a mulher deve viver sua vida e expressar seu lado feminino. Então, libertar-se enquanto mulher é deixar-se expressar da forma como você considera melhor, agindo, sendo, sentindo, se vestindo, se depilando ou não, enfim, vivendo da forma que te causar mais prazer e mais completude.

> **Libertar-se enquanto mulher é deixar-se expressar da forma como você considera melhor.**

Se você gosta de roupas mais justas, tudo bem, se você não gosta, tudo bem também! É claro que deve, em tudo, manter a coerência em relação ao local onde você estiver, as pessoas com as quais você convive, mas nada no mundo deve ter o poder de exigir de você um determinado comportamento. Algumas empresas poderão impor algumas regras de vestimenta, por exemplo, estipular a altura da saia ou vestido que se pode usar, proibir o uso de bonés e chapéus ou mesmo vedar o uso de esmalte nas unhas por motivo de higiene em alguns setores ligados à higiene e à alimentação. Não há problema algum em segui-las, desde que estejam dentro de um bom senso. Se o lugar onde você trabalha exige, por exemplo, que você mude seu penteado ou estilo de cabelo, garota, pule fora! Se pedem que você emagreça para se enquadrar a um certo local, pule fora! Ninguém, de forma alguma, tem o direito de exigir que você mude por qualquer razão que seja. Se alisar os cabelos é uma opção sua, não há problema algum, mas tenha sempre em mente que aquilo foi uma escolha, e nunca uma imposição. Se você decide que deseja emagrecer e que isso a fará mais feliz, excelente! Mas nunca se deixe influenciar por outras pessoas.

As pressões para se enquadrar em padrões de beleza estabelecidos é gigante e podem vir de várias fontes diferentes, seja do trabalho,

> Ninguém, de forma alguma, tem o direito de exigir que você mude por qualquer razão que seja.

como já mencionamos, do seu ciclo de amizades, de companheiros, da própria família e da sociedade como um todo. Essas influências acabam te deixando mal e não te beneficiam de forma alguma, te diminuindo enquanto mulher.

Você, assumindo o seu lado feminino, se aceitando da forma que você é, ou com seu estilo qualquer que seja, não importa quais características físicas tenha, ao assumir seu lado feminino e se sentindo bem consigo mesma, vai contagiar os outros a sua volta, criando uma corrente de empoderamento.

> Exercite sempre a menina dentro de você.

> Seja mulher do jeito que quiser ser!

PARTE 3
REESTRUTURANDO SEU CÉREBRO

CHAVE 12

A Chave do autocontrole

> "Seu cérebro é uma máquina, e como tal, precisa de programas, rotinas e, principalmente, manutenção".

A mente humana é condicionada a buscar satisfação imediata. Não nascemos com a habilidade de entender o que é bom para nós, e muito menos o que faz mal. Esses são conhecimentos adquiridos ao longo da vida, primeiro, pela nossa família, e, depois, nos mais diversos grupos sociais, na escola, amigos, igreja e assim por diante.

Da mesma maneira, nosso cérebro age de forma a buscar o que precisa, e, para ele, quanto mais rápido alcançarmos esse objetivo, melhor. Por isso somos tão passíveis ao vício, pois o vício nada mais é que uma ação repetitiva, motivada por um desejo, e que causa uma sensação de satisfação, na maioria das vezes momentânea.

A mente humana é condicionada a buscar satisfação imediata.

> **Seu cérebro opta por se manter em um terreno que ele já conhece, por isso a repetição dos padrões.**

Quando falo de vício, não estou apenas me referindo ao álcool, drogas ou cigarro, falo também de padrões, de escolhas, de comportamentos, de pensamentos e de sensações. Porque, veja, quantas vezes você conheceu alguém, homem ou mulher, que diz que tem dedo podre para escolher um parceiro ou uma parceira? Mas a questão não é que esta pessoa tenha dedo podre para escolher. É que ela acostumou seu cérebro a ser tratado de uma determinada forma que causa a ela um sentimento agradável, mesmo que esse sentimento ou relação sejam tóxicos, seu cérebro opta por se manter em um terreno que ele já conhece, por isso a repetição dos padrões.

> **Não conheço outra forma para educar seu cérebro que não seja através das pequenas mudanças diárias.**

Então, se, quando enfrentamos uma determinada situação negativa ou de difícil resolução, você pode adotar uma postura de tristeza ou sujeição, de baixar a cabeça ao que te dizem ou se anular em razão do outro, ainda que esse outro seja a própria sociedade, seu cérebro estará condicionado a sempre buscar esse entendimento para qualquer situação que seja parecida. Assim, todas as vezes em que alguém te disser algo ruim, a tendência é a de que você vá se fechar e se entristecer.

Não conheço outra forma para educar seu cérebro que não seja através das pequenas mudanças diárias.

Proponha a si um exercício mental. Começando com uma pergunta. Responda de forma sincera: o que te deixa triste? Ao tentar responder a essa pergunta, é provável que encontre muitas alternativas, mas procure focar nas três que te deixariam mais melancólico.

A partir daí, primeiro considere, caso você já tenha essas respostas, como seria lidar com essa tristeza com sabedoria? Ou, se você ainda não as tiver, o que você aprendeu com essa dor?

> **Mas lembre-se que qualquer mudança não pode ser radical.**

Esse exercício é essencial para detectar primeiramente quais são os desejos que seu cérebro mais busca, o que te permitirá descobrir quais são as ações, pensamentos e atitudes repetitivas que você tem tomado em relação à sua própria vida.

Mas lembre-se que qualquer mudança não pode ser radical, pois, nesse caso, poderia gerar um fortalecimento das ações repetitivas, da mesma maneira que retirar alguém de um vício instantaneamente e eventualmente gerando uma explosão agressiva. Também o seu cérebro pode começar a lutar contra você para manter aquilo a que ele já foi acostumado, onde ele já se sente confortável, pois conhece todas as sensações, e sabe onde encontrar as recompensas.

A reprogramação de seu cérebro deve ser feita aos poucos, recondicionando os pequenos hábitos.

Agora se pergunte — e é sempre essencial que se faça estes exercícios da forma mais verdadeira possível: o que te faz feliz? Enumere as três principais ações que te deixam feliz e que dependam apenas de você.

Podem ser alcançadas? Como?

Além dessas três, há algo mais que você gostaria de fazer em seu dia a dia?

> **A reprogramação de seu cérebro deve ser feita aos poucos, recondicionando os pequenos hábitos.**

A minha lista da felicidade é bem vasta, mais seguindo o exercício, viajar, contemplar o belo, registrar meus melhores momentos, são meus três itens principais além de gostar de sorrir de tudo, é claro que não o tempo todo, como uma hiena, mas sorrio, até porque, se for para ter rugas, melhor que sejam as rugas deixadas pelo sorriso.

É possível que, ao iniciar essas mudanças em seus hábitos, você perceba que se tratam muitas vezes de mudanças mínimas e que, por

> **Se for para ter rugas, melhor que sejam as rugas deixadas pelo sorriso.**

menor que elas sejam, farão grande diferença no seu modo de encarar a vida. É uma questão de exercício diário. Uma mudança que pode começar imediatamente, pode ser a escolha por esta ou aquela peça de roupa; pode parecer bobo, mas que vai mexer com a sua autoestima. Posso usar como por exemplo as minhas escolhas de vestimenta: eu gosto de me vestir de forma mais despojada, e o faço porque gosto. Muitos irão te criticar por suas escolhas, alguns só pelo desejo de espalhar a própria tristeza pelo mundo, e não vou enganar vocês, existem, sim, pessoas que querem ver você cabisbaixo. Não que elas sejam más, mas que, naquele momento, por diversos motivos interiores, alimentam maus pensamentos e os projetam para o mundo, mas é necessário entender esse comportamento.

Muitos irão criticar suas ações e comportamentos, mas saiba que só estarão agindo dessa forma pelo estado interior delas. Essas pessoas,

> **Todo mundo tem seu próprio tempo.**

com certeza, foram machucadas em algum momento e daí se fecharam, agora buscam diminuir a própria melancolia interior, tentando fazer você se sentir mal consigo.

> **É preciso dar tempo para as pessoas, pois cada uma delas se cura na velocidade de seu próprio organismo.**

Meu caderninho cor-de-rosa

Débora Tainá, Débora Vitória, Deborah, Deijane, Denilson, Desinho, Deya Real, Dhaisa Fernanda, Diana, Dieniffer, Dimar, Diminha, Flávia, Flávia Morgana, Flavinha, Flávio, Flavonaldo, Flayer, Francisco, Francyene, Frederico, Gabi, Gabi_Cavazzani, Gabriel, Gabriel, Gabriel, Gabriela, Gabriella, Gabrielly, Gabriely, Gaby, Geovana, Geovanna, Gil, Gilson, Giovana, Giovanna, Giovanne, Gisa Lucena, Gisele, Glória Maria, Grasiele, Grasyella, Graziely, Guarino-Léo, Guerra, Gui, Gustavo, Gyovanna, Harriso, Haryelli, Helen, Helena, Hellen, Heloísa, Heloise, Heloysa Eduarda, Henrique, Henrique, Herbeth, Hevellyn, Hiago, Hillary, Hyllari, Iara, Inês, Ingrid,

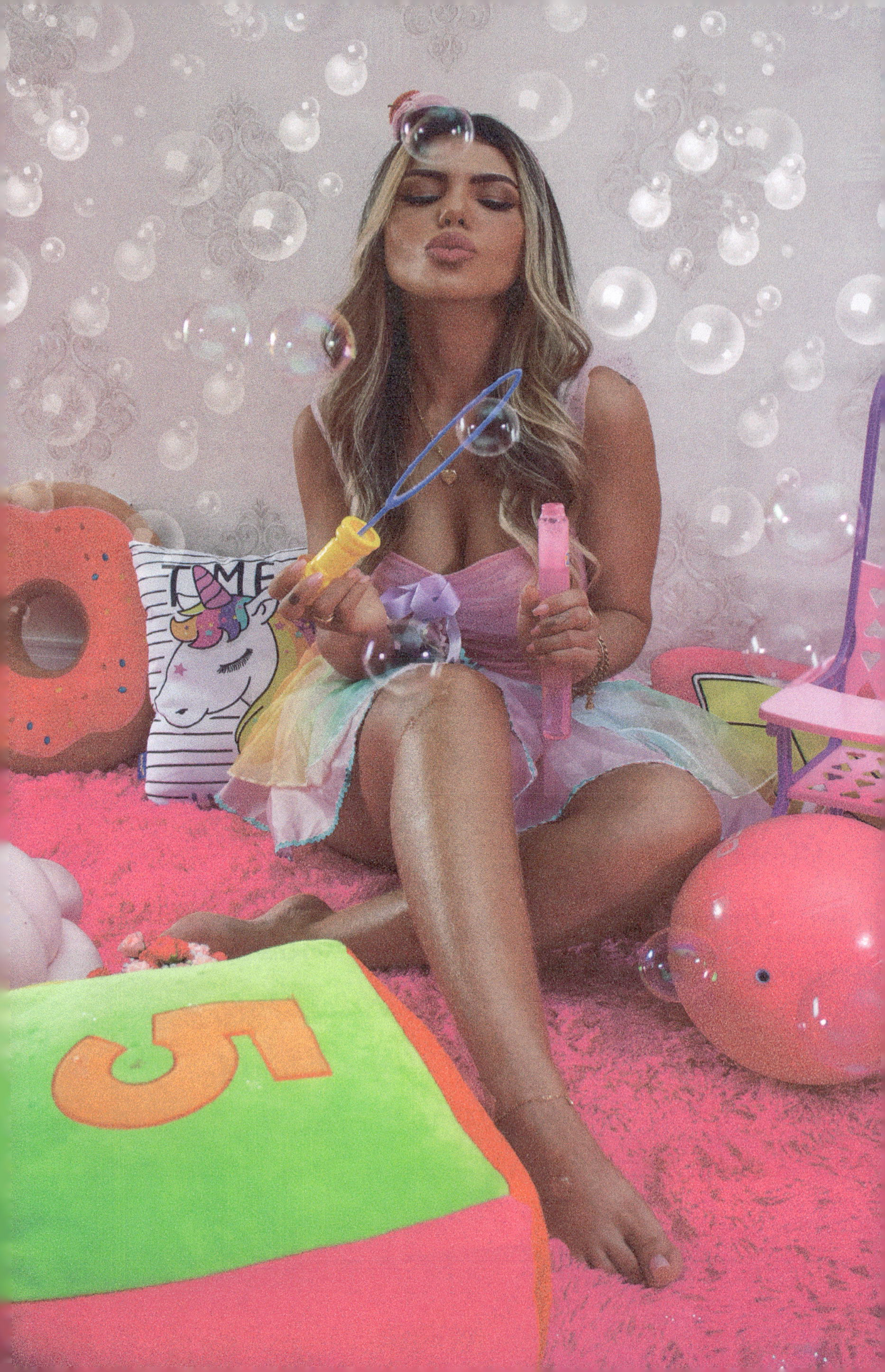

CHAVE 13

A Chave da QUIETUDE

"Uma pessoa que consegue se manter calma nas dificuldades conseguirá resolver qualquer desafio".

Qualquer que seja o desafio, mantenha-se calmo, porque assim você conseguirá avaliar melhor a situação e tomar a decisão que seja melhor para você, ou mesmo a que seja menos danosa. Lidar com os problemas com calma te permite pensar melhor e resolver as coisas com mais facilidade.

Momentos bons e difíceis sempre irão aparecer, é disso que é feita a vida, de momentos desafiadores e de superações, mas, com raiva, além de envelhecer e fazer aparecer um monte de cabelos brancos, tudo o que você conseguirá mesmo são úlceras no estômago, pois o problema, se for tratado com raiva, tende só a piorar e produzir os sentimentos de vingança, aquela vontade de dar o troco.

Mantenha-se calmo.

> **O problema, se for tratado com raiva, tende só a piorar.**

Quem ganha com isso?

É certo que se você causar dor a quem te causou dor, naquele momento, é muito provável que você irá experimentar um bom sentimento, mas é tão passageiro e tão pequeno que irá evaporar antes mesmo que tenha se sentido realizado por completo, e em nada te ajudará a viver a sua vida de forma plena. Você já viu aqueles filmes em que a pessoa não se sente satisfeita após conseguir realizar aquela vingança que passa articulando e colocando em prática em todo o tempo da tela? É esse

> **O principal sentimento que experimentamos, quando buscamos revidar algo de ruim que tenha acontecido, é uma sensação de vazio.**

o principal sentimento que experimentamos, quando buscamos revidar algo de ruim que tenha acontecido, é uma sensação de vazio.

Agindo com raiva e querendo dar o troco, mais uma vez você estará optando em viver sua vida com base em outra pessoa, e se antes você o fazia por qualquer que fosse a sua intenção, agora estará fazendo em prol da sua raiva ou de sua necessidade de se vingar, e novamente estará abrindo mão da sua felicidade.

> **Por que escolher as lágrimas, se o sorriso é até mesmo mais fácil?**

Por que escolher as lágrimas, se o sorriso é até mesmo mais fácil?

Perceba que um bebê já nasce com a habilidade de sorrir, e não há nada mais angelical que o sorriso de um neném. Agora, se estiver em uma situação de estresse ou mesmo se alguém tiver dito ou até mesmo

> **Um bebê já nasce com a habilidade de sorrir.**

feito alguma coisa contra você, não pense em vingar-se dela, você se machucará com isso.

Por exemplo, quando fui traída, perdoei minha irmã, de verdade. Acredito até que se ela tivesse podido escolher, ela teria escolhido diferente, e não sendo este o caso, bom, então, eu optei por acreditar nisso.

Não que esse meu acreditar tornasse esse episódio da minha vida menos doloroso, mas porque sendo um caso de ela ter ou não feito escolhas diferentes, apenas eu podia escolher a forma como iria encarar aquela situação, e eu escolhi ir atrás da minha felicidade e não como ela ou ele desejavam que eu fizesse.

Me lembro que logo após o término do casamento, no mês seguinte eu já havia me recuperado completamente, já estava conhecendo outras pessoas, não necessariamente um namorado, mas estava aberta a conhecer o mundo, a me divertir, a fazer coisas que me davam alegria, e meu ex-marido disse coisas terríveis sobre mim, decerto porque talvez quisesse que eu me acabasse de chorar numa cama e me degradasse até aceitar a situação que ele queria, mas repito, o impacto que as coisas que as outras pessoas dizem ou fazem terão sobre sua vida é uma questão de escolha sua, só você pode permitir que uma situação ruim o derrube.

> *Só você pode permitir que uma situação ruim o derrube.*

Se alguém fala que você está fora de forma, ora, ria, afaste-se e esqueça. Nunca dê espaço para que essas afirmações entrem na sua mente e passem a definir quem você é. Já vi tantas pessoas maldosas rindo de uma postagem feita por alguém nas redes sociais só pelo simples fato dessa pessoa estar dançando, ou porque o nariz da outra garo-

> **Você não é uma bolha no mundo flutuando sem rumo na direção que o vento o leva.**

ta era muito grande e ela não deveria estar colocando fotos na internet. Somos lindas da forma que somos e, sim, dancem muito se tiverem vontade, tirem fotos e postem quantas quiserem, divirtam-se! Não deixem as pessoas diminuírem vocês e nem permitam que isso lhes atinjam ou os desviem do caminho da calma.

Saiba que você não é uma bolha no mundo flutuando sem rumo na direção que o vento o leva, mas que tudo que você faz irá repercutir no mundo. Então, manter a calma é estar pronto para resolver uma situação de forma que seja mais construtiva.

Se alguém fala que você é magra demais, bom, se você for magra, isso será apenas uma verdade, mas, já tendo você se aceitado e aprendido a se amar, esse comentário não te trará nenhuma negatividade; mas, se não for, ou se você não se achar assim, então por que aquele comentário ou aquela opinião te deixou triste ou com raiva? nada disso resume ou define quem você é e pronto.

Meu caderninho cor-de-rosa

Iranilda, Irina, Isabel, Isabeli, Isabella, Isabella, Isabely, Isadora, Islane, Israel, Izza, Jaciara, Jaianny, James Blue, Jamile, Janaína, Jane, Jasmin, Jean, Jennifer, Jessica, Jheff, Jhennifer, Jhúlia, Julia, Juliana, Juliane, Juliano, Júlio, Jully, July Raiane, Júnior F, Júnior Styler, Kamargo, Kamila, Kamylle, Karina, Karoline, Karoline Apolo, Katherine, Kauane, Kauany, Kauna, Kayane, Kayla, Keila, Kelly, Kellyane, Kethellyn, Ketilly, Jivanildo, Joana, João Pedro, John, Jojó, Jonathas, Jordana, Jordana Vitória, Jorge Luiz, José, José Saraiva, Josefa, Josemar, Josi, Josiane, Joyce, Joycinha, Jú, Juciana, Jujú, Júlia Alice, Júlia, Leonardo, Leo, Leonilde, Leonrdo, Lethícia,

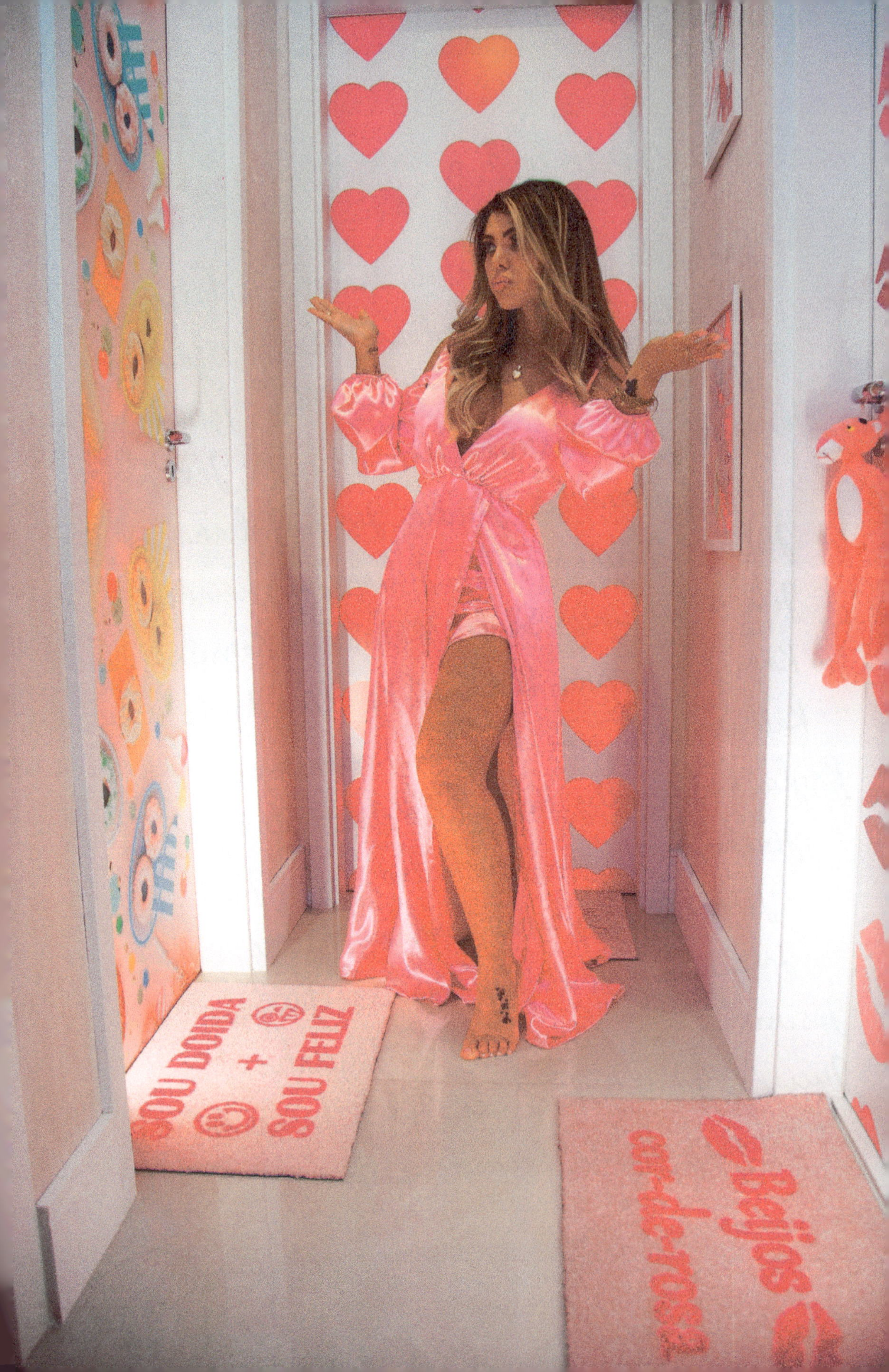
SOU DOIDA
+
SOU FELIZ
Beijos
cor-de-rosa

CHAVE 14

A Chave da Autorrevolução

> "POR TRÁS DE UMA MULHER BEM RESOLVIDA EXISTE ELA MESMA".

Armadilhas mentais são aqueles pensamentos que te limitam. É quando a pessoa duvida de si. É quando nos cobramos em excesso pelas coisas que fazemos, quando nos julgamos. São aqueles caminhos mentais que nos conduzem na tomada de decisão, sempre nos direcionando às mesmas ações e escolhas. São armadilhas que você próprio criou. É uma autossabotagem. E é por isso que valorizamos tanto o que o outro nos diz sobre nós. Muitas vezes, tomar caminhos diferentes dos habituais significa uma quebra de paradigma muito forte, então preferimos sempre nos manter no mesmo caminho, seja porque é mais confortável ali ou por estarmos justamente buscando agradar alguém.

Esse é o problema, pois nos anulamos muitas vezes para realizar aquilo que o outro espera. Isso nos causa depressão, ou rejeição de nós.

> Armadilhas mentais são aqueles pensamentos que te limitam.

> **Fazemos algumas escolhas para nos encaixarmos a fim de obter do outro a confirmação de nossa importância neste mundo.**

Fazemos algumas escolhas para nos encaixarmos a fim de obter do outro a confirmação de nossa importância neste mundo, ou de nossa beleza ou inteligência. Assim, apagamos aquilo que somos, muitas vezes às custas de nossa própria alegria, pelo medo de sermos considerados alguém que não faz parte daquele meio. Imagine se todo um esforço que você faz em prol da vontade de outro alguém e mesmo após anular

> **Negamos nossa própria vontade e fazemos o que o outro quer por um certo comodismo.**

a própria vontade acaba não correspondendo às expectativas que essa outra pessoa colocou em você? Gatilho certo para desencadear crises existenciais e quadros depressivos.

Negamos nossa própria vontade e fazemos o que o outro quer por um certo comodismo, é o medo de, ao fazer algo novo, ou inusitado, que é fruto só da sua vontade e da sua necessidade para ser e estar feliz, ser considerada uma pessoa louca ou ridícula.

Mas, veja: como abordamos nos capítulos anteriores, quando suas ações não dependerem mais da opinião ou da vontade das outras pessoas, você passará a viver de forma mais livre, e poderá, assim, modificar o mundo a seu favor, torná-lo sempre na direção daquilo que te faz bem, naquilo que te faz crescer.

Não adianta procurar em outra pessoa as mudanças que só dependem de você. Se for para mudar, mude por você!

> **Não adianta procurar em outra pessoa as mudanças que só dependem de você.**

O segredo para escapar dessas armadilhas mentais é estar pronto para experimentar coisas novas, sem medo de errar, até porque, também no erro podemos aprender. Na verdade, se não existisse o desafio, jamais haveria a vitória.

Aproveite os momentos de dificuldade para se superar e aprender com isso, porque, depois de passar por estes momentos ruins, enfrentando todos eles com alegria, com desprendimento e principalmente buscando o entendimento pessoal e a pacificação, você verá que a nova versão de você que surgiu dessa situação é ainda mais resplendorosa do que aquilo que era antes.

> O segredo para escapar dessas armadilhas mentais é estar pronto para experimentar coisas novas.

Use a sua própria vida, nas condições que existirem, para se tornar a melhor versão de você.

Por exemplo, se não gosta do seu emprego, bom, você tem duas opções. Uma, a mais óbvia, é sair dele e procurar algo que te satisfaça e

> Aproveite os momentos de dificuldade para se superar e aprender com isso.

te torne mais completo profissionalmente, mas, nem tudo que queremos podemos ter de forma imediata, e saber lidar com isso é ter inteligência emocional; então, temos a segunda opção, que é justamente passar a gostar daquele emprego, enquanto dele você precisar, mas preparando-se, inclusive financeiramente, para mudar e ir em direção ao seu sonho. Fazer isso é o planejamento da sua vida, mas, enquanto precisar, não seria melhor que ele fosse mais agradável? Mesmo que não goste, você, tendo já estabelecido uma nova rota e estando preparado para vivenciar isso assim que for possível, passará a se dedicar verdadeiramente àquele trabalho, a buscar as coisas que lá forem agradáveis e tentar, ao máximo, desempenhar da melhor maneira o seu trabalho enquanto lá estiver. Assim, sua passagem tenderá a ser mais feliz e mais realizadora, porque você terá se aberto para vivenciar a sua vida como ela é na excelência.

Lembre-se: sua felicidade estará onde você estiver.

> **Sua felicidade estará onde você estiver.**

Agora, vamos pensar um pouco na hipótese contrária desse exemplo, vamos considerar uma pessoa que não gosta do que faz e que todo dia chega ao emprego agoniado para sair, mas, na contramão do seu desejo de buscar outro rumo, não se prepara, não se programa para sair e fazer o que gosta. Chega todos os dias mal-humorado, trabalha com o mínimo de dedicação e, pelo seu desempenho, acaba sendo demitido. Percebe que, agora, não apenas terá que talvez procurar por um emprego ainda mais chato, que goste menos e, pior, por conta de ter se

> **Opte por se tornar a melhor versão de você onde quer que esteja.**

autossabotado, se encontra muito mais distante de fazer o que gosta do que antes. Porque não se planejou, porque não analisou a situação com calma, e porque não se permitiu ser feliz com aquilo que já tinha.

Então, como vimos, a situação que já não era boa ficou ainda pior. Não se prejudique. Opte por se tornar a melhor versão de você onde quer que esteja. Só assim você poderá evoluir enquanto pessoa e construirá sua felicidade. Mesmo que talvez não seja toda a felicidade que você deseja, se não se permitir ser feliz a cada instante, corre o risco de

> **A Felicidade, no final das contas, está na frente do seu espelho, está no sorriso de seu rosto inteiro.**

que nunca se sinta realmente realizado, pois a felicidade, no final das contas, está na frente do seu espelho, está no sorriso de seu rosto inteiro.

> **Seja a pessoa mais importante na sua vida.**

Você é belo da forma que é. Você é forte da forma como é. Você é, sem dúvida, a pessoa mais importante na vida de pelo menos uma outra pessoa no mundo, e essa pessoa é você ! Sim, você! Seja a pessoa mais importante na sua vida. Sabe aquela outra versão, a que você enxerga no espelho todas as manhãs, mas que, em muitos casos, não permite que viva, seja por medo de inovar ou de ousar ser feliz? Então, essa é a única pessoa que se importa verdadeiramente com você, e é a única que pode opinar e influenciar suas decisões. Crie, evolua e ouse, sempre no sentido de proporcionar o melhor a si e as coisas simplesmente acontecerão ao seu redor.

> **Crie, evolua e ouse.**

Beijo cor-de-rosa

SOU DOIDA + SOU FELIZ

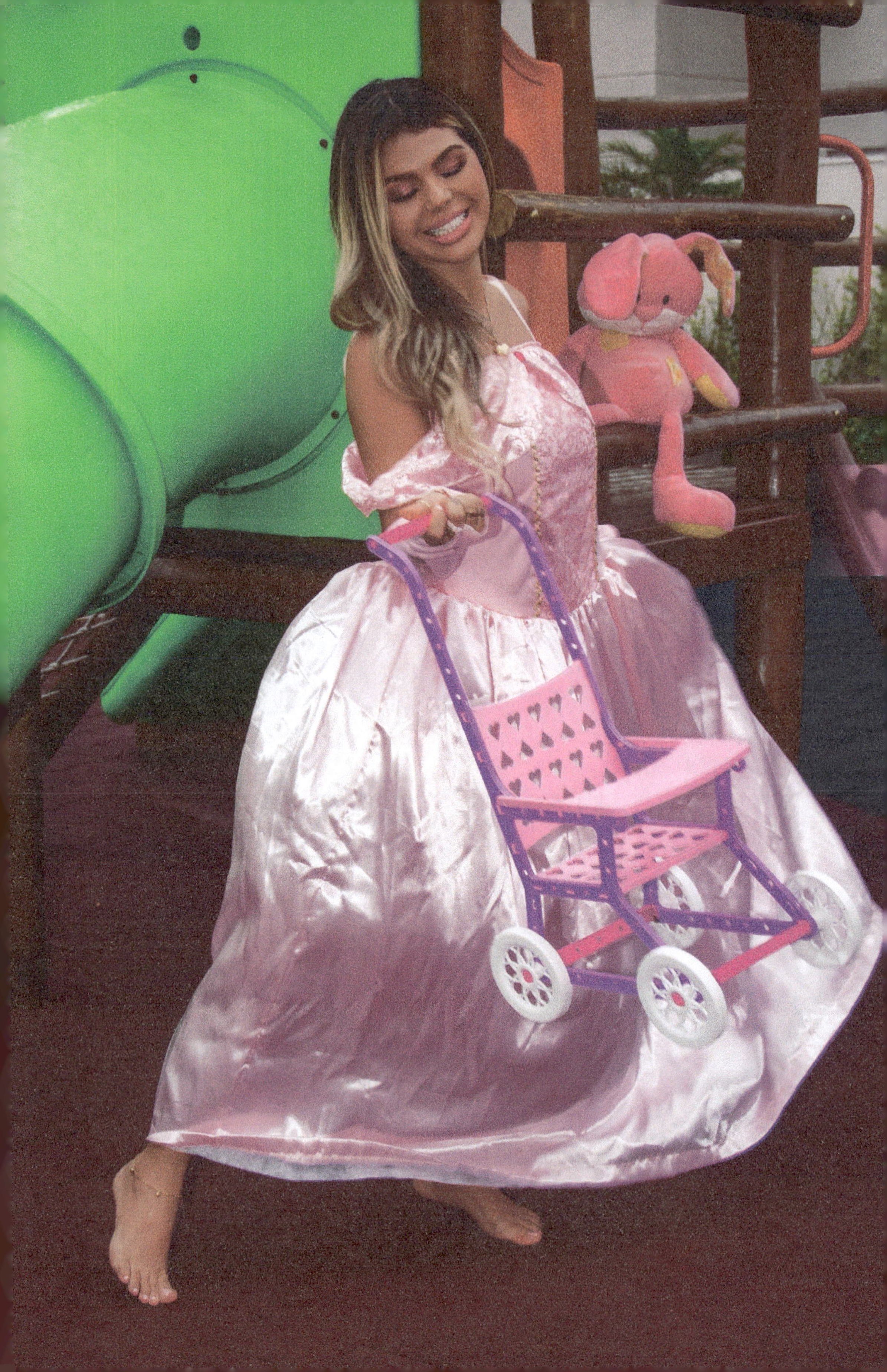

CHAVE 15

A Chave da Coragem

"Sou doida, mas sou feliz".

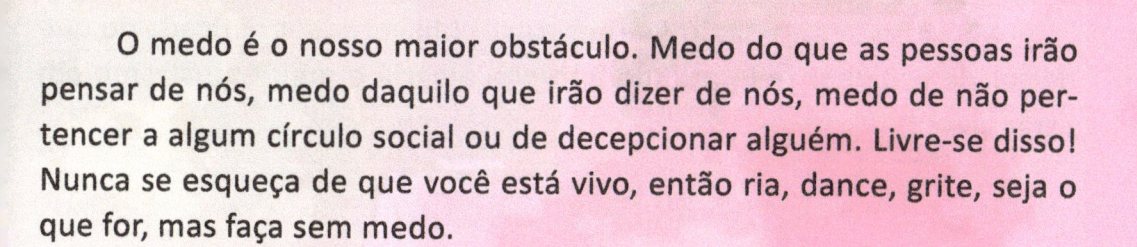

O medo é o nosso maior obstáculo. Medo do que as pessoas irão pensar de nós, medo daquilo que irão dizer de nós, medo de não pertencer a algum círculo social ou de decepcionar alguém. Livre-se disso! Nunca se esqueça de que você está vivo, então ria, dance, grite, seja o que for, mas faça sem medo.

> O medo é o nosso maior obstáculo.

Se as pessoas se incomodarem com sua "loucura", melhor ainda, porque isso significará que estão te notando, e isso é bom, não porque você estará chamando atenção para você de uma forma narcisista, egoísta e por simplesmente querer ser o centro das atenções, não, mas você, através do seu exemplo, poderá estar influenciando outras pessoas de forma positiva.

> Ninguém é uma ilha cercada por nada, além de água.

Ninguém é uma ilha cercada por nada, além de água. Vivemos em uma comunidade, então cada um de nós tem a obrigação moral de ajudar o semelhante, e isso inclusive foi o que nos ensinou Jesus Cristo, a amar ao próximo como se fosse você mesmo. Mas como poderemos amar ao outro, se nem ao menos nos amamos? É por isso que digo que aquelas pessoas que te xingam, ou ofendem, fazem isso porque não se amam, porque se houvesse amor de verdade, não perderiam tempo jul-

> **Mas como poderemos amar ao outro, se nem ao menos nos amamos?**

gando a felicidade das outras pessoas, as quais qualificam como sendo loucas e se preocupariam em ser feliz apenas. Em vez de criticarem a sua alegria, ao ver sua felicidade, elas simplesmente sorririam e seguiriam as próprias vidas.

Mil vezes ser doida do que ser triste! Mil vezes ser criticada do que deixar de espalhar pelo mundo a minha alegria e meu entusiasmo em estar viva!

> **Deus é amor. Deus não julga ninguém.**

Muitos me questionam "como você pode falar tanto em Deus se você gosta de vestir roupas curtas?" Bom, minha resposta para essa pergunta é bem simples: Deus é amor. Deus não julga ninguém, e ele não o faz justamente porque só Ele conhece o que cada um traz dentro de si, e eu sou profundamente agradecida por ter me feito exatamente como o fez, para brilhar e para espalhar luz, para transmitir alegria, para corresponder à Sua graça e à Sua glória.

> **Amar-se a si é também amar a Deus!**

Quando você se ama, está aceitando a vontade de Deus e a Sua criação. Está prestando homenagem à vida em si. E ela, a vida, é tão maravilhosa quanto você, e da mesma maneira que o sol não se esconde, ou que a lua nunca deixa de reinar à noite, você também não pode se esconder.

De todas as possibilidades, calhou de ser você a nascer. A você foi dado o privilégio de respirar, de sorrir e de se emocionar, então não foque seus esforços em ficar para baixo, ou se entristecer. É claro que a vida de ninguém é sempre colorida, mas, da mesma forma que uma floresta se renova ainda mais forte e mais bela após um incêndio, você também desabrochará após uma dificuldade, porque as sementes da alegria e da felicidade já foram há muito tempo plantadas na sua alma.

> **As sementes da alegria e da felicidade já foram há muito tempo plantadas na sua alma.**

É disso que se trata, afinal, quando digo que mulheres empoderadas empoderam outras mulheres, é porque cada uma de nós tem a oportunidade de regar na outra a semente da bondade e da alegria.

> *Cada uma de nós tem a oportunidade de regar na outra a semente da bondade e da alegria.*

Ria! Grite! Deseje! Sonhe!
E não há idade certa para viver seus sonhos, ninguém no mundo tem o direito de te dizer que o seu sorriso não vale a pena! Como eu sempre digo, não há no corpo da mulher curvas mais belas do que as de seu sorriso.

E se o mundo, logo de primeira hora, não compreender a sua felicidade e te taxar de louca, melhor ainda!

Não há vida melhor do que aquela vivida cheia de propósito e sem algemas. Nenhum de nós merece algemas, sejam elas físicas, intelectuais ou emocionais.

> Não há vida melhor do que aquela vivida cheia de propósito e sem algemas.

Mulheres empoderadas! Empoderadas em sua feminilidade! Empoderadas como mães, como esposas, como as meninas que nunca deixamos de ser, esse é o mundo perfeito. E não apenas as mulheres, pois, mesmo com tudo que nos distingue dos homens e do mundo masculino, todos nós merecemos a felicidade — e veja bem que, além de ter sido casada por duas vezes, sou mãe de menino, então sei do que estou falando.

E a felicidade pode não ser encarada como ter um carrão ou ter o bolso cheio de dinheiro — óbvio que não nego a importância de nada disso —, a felicidade também é um direito universal do ser humano.

Eu, quando criança mesmo não tendo, por exemplo, meu carrinho cor-de-rosa de bonecas, era feliz do jeito que dava, mas mesmo tendo sido feliz em cada momento da minha vida ao máximo, assim que pude

> A felicidade também é um direito universal do ser humano.

concretizar o sonho de ter e viver em um mundo cor-de-rosa, eu o realizei, e não me importei que algumas pessoas me considerassem doida, ou dissessem que eu não tinha idade para isso. Sonhos não envelhecem! Não perdem a validade! E não importa quantos anos você tenha, ou quanta dor já te causaram, sempre haverá tempo para dar a si aquilo que te dá felicidade, aquilo com o qual você se sentirá completo, realizado e pleno.

> Sonhos não envelhecem! Não perdem a validade!

Meu caderninho cor-de-rosa

Letícia Nicoly, Letícia, Letícia, Leticya, Lex, Lia, Liandra, Lidiane, Liginha, Lília Gabrielly, Lilizinha, Lincoln, Lis, Lisa, Lívia Beatriz, Lívia, Lizandra, Lohana, Lorena, Maria Eduarda, Duda, Maria Eduarda, Maria Fernanda, Maria Gabriela, Maria Geovana, Maria Júlia, Maria Laura, Maria Luiza, Maria Mello, Maria Rita, Maria Rosa, Maria Sofia, Maria Sousa, Maria Tereza, Maria Valentina, Maria Victória, Mariah, Mariana, Mariane, Lorena Yasmin, Loreninha, Lorrane, Lorrany, Lú Lima, Luana, Luana Santana, Luany, Lucas, Lucia, Luciana, Lucilene, Luís, Luisa, Luise, Luiz, Luluca, Luluh, Madu, Maiara, Maickon, Maila Stefani, Maisa, Malu,

PARTE 4
ESCAPANDO DA
IGNORÂNCIA

CHAVE 16

A Chave do planejamento

"Ao aprender a gerenciar suas emoções, qualquer pessoa pode ser feliz. A felicidade está ao alcance de todos".

    Muitas vezes temos a tendência de desperdiçar nossa capacidade criadora em algo que não serão úteis para a nossa vida, e o resultado disso é um sentimento de vazio, porque de repente acordamos e percebemos que a vida está passando, e ela passa rápido, e não fizemos aquela viagem que sempre sonhamos, aquele curso que sonhávamos, ou não nos tornamos o que nossa criança interior queria tanto.

    Algumas vezes não atingimos esses objetivos porque nós acabamos mudando mesmo, e aí está tudo bem. A vida e nossos interesses estão sempre em transformação, mas, em grande parte das vezes, para a maioria das pessoas, a grande verdade é que esses sonhos não foram alcançados porque em algum momento do caminho, pelas imposições ou até por escolhas que não tenham sido as mais adequadas, foram simplesmente se tornando mais distantes, ao ponto de, em certo momento, parecerem ser inatingíveis.

Então, procure, antes de mais nada, e não importa em que momento da vida você esteja, estabelecer suas metas, mas lembre-se de considerar em seus planos que a vida é mutável, que você também o é, e o que foi importante um dia, às vezes, pode deixar de ser, mas procure ao máximo cumprir suas metas de vida; primeiro, as menores, e, depois, enquanto essas pequenas conquistas estiverem se acumulando e te dando todo o conhecimento que vem com elas, você estará se aproximando das grandes conquistas.

> **Procure ao máximo cumprir suas metas de vida.**

Mas também é importante que você saiba que a vida é movimento, e que esse movimento se traduz como aprendizado. Quem está vivo precisa aprender constantemente, senão de nada lhe valerá a vida.

Desejamos várias coisas de forma simultânea, mas, se não conseguirmos, através do planejamento e do autoconhecimento, ordenar esses desejos, sonhos e metas, acumularemos nada mais que um amontoado

> **Quem está vivo precisa aprender constantemente, senão de nada lhe valerá a vida.**

de coisas deixadas pela metade. Por isso é que falo tanto, e pergunto, convidando a todos à reflexão interior, sobre as três coisas que são mais importantes em sua vida, porque é através desse autoconhecimento que você estabelecerá aquilo que realmente importa.

Para que dedicar muito de sua energia em algo que de fato não é tão importante para você?

Se deseja algo, não meça esforços para realizá-lo. Às vezes, será preciso abdicar de coisas passageiras para conquistar aquilo que faz seu coração vibrar de alegria. O segredo é permanecer firme no propósito. A Busca pelos seus sonhos deve ser insaciável.

Antes de conseguir ordenar sua vida e suas vontades, é preciso exercitar o autoconhecimento, que, aliás, também é um exercício, e, sendo assim, não será adquirido da noite para o dia, até porque, se fosse tão fácil, bastaria uma ida até a academia e estaria tudo resolvido, não é mesmo?

Mas se nem para treinar o corpo é possível ver resultados imediatos, imagina conseguir fazer isso com seu cérebro e sua programação neurológica? É desafiador.

> Para que dedicar muito de sua energia em algo que de fato não é tão importante para você?

O caminho do autoconhecimento só pode nos conduzir à mais pura satisfação pessoal, a um estado de ser que também pode ser chamado de felicidade plena. Podemos comparar todo esse processo a uma corrida em que a constância é mais importante que a velocidade. É como se participássemos de uma espécie de maratona e não de uma corrida de cem metros. Mas, ao contrário de uma corrida, independente de qual modalidade seja, no autoconhecimento não existem outros competidores, você só disputa consigo, e isso também é bom, porque, na verdade, ao vencer você, o pódio será só seu, ou seja, a conquista de seus objetivos será apenas sua, e ninguém poderá te tirar essa vitória.

> O caminho do autoconhecimento só pode nos conduzir a mais pura satisfação pessoal.

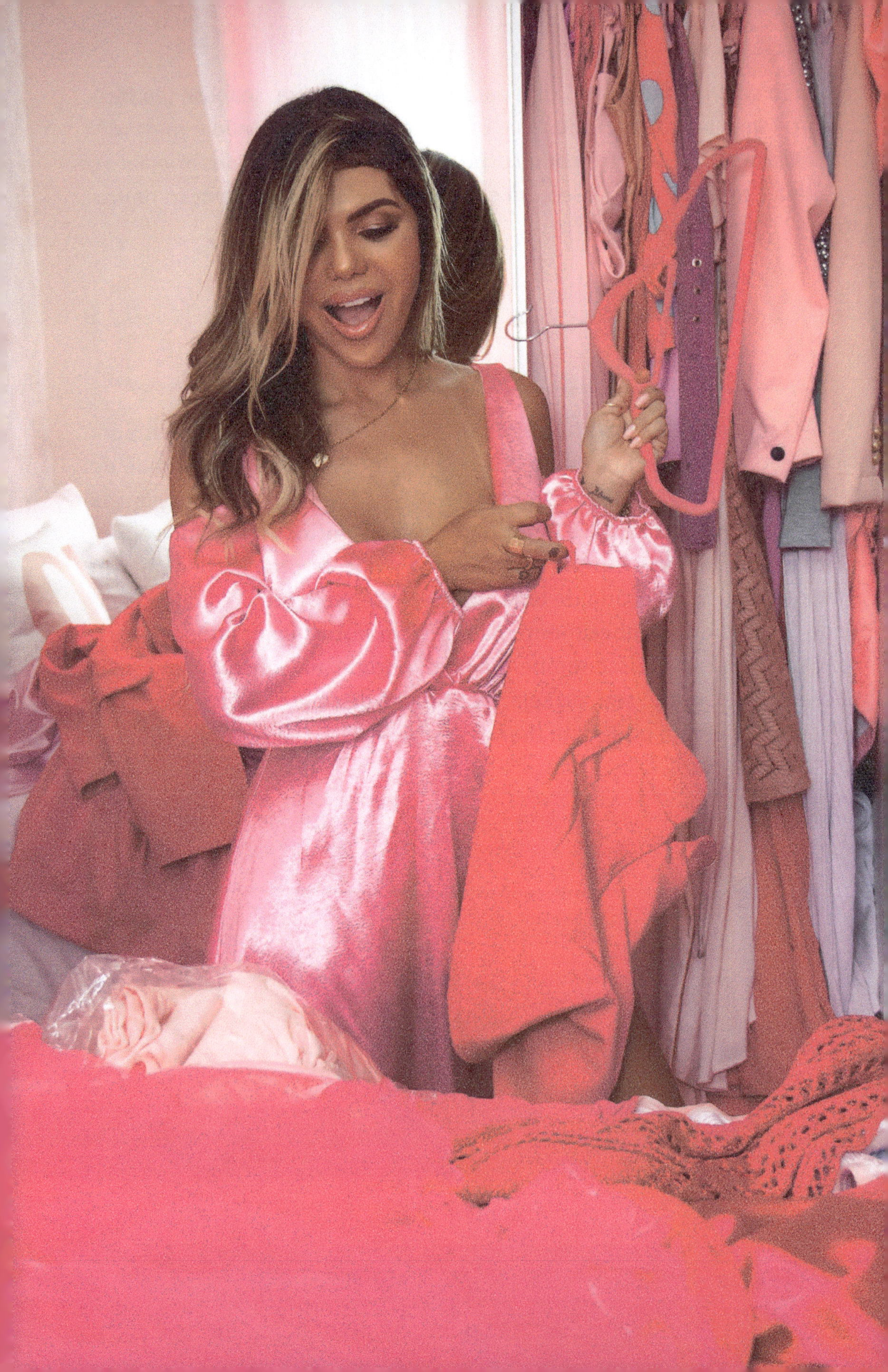

CHAVE 17

A Chave do PRESENTE

"O momento presente é o único que verdadeiramente importa, pois é onde você está, no hoje, no agora. É neste momento que você terá de lidar com o passado e, principalmente, planejar seu futuro. Você só vencerá amanhã, se não desistir hoje!"

A pior forma de viver a vida é vivê-la no passado. Não estou dizendo para que simplesmente esqueça as coisas que te aconteceram ou que te machucaram, pois isso não é fácil, até porque são essas cicatrizes que te fizeram ser a pessoa que você é agora. Entretanto, por mais que seja sempre bom para o seu crescimento pensar sempre a respeito de si e das coisas que te aconteceram, esse pensar será muito mais proveitoso se for direcionado para a avaliação das suas atitudes em relação aos fatos que te aconteceram e às pessoas que passaram pela sua vida.

Não se trata de ficar se cobrando por ter agido desta ou daquela forma, porque isso se transforma numa prisão onde você ficará preso,

> A pior forma de viver a vida é vivê-la no passado.

como condenado e como carrasco ao mesmo tempo, então, ao avaliar suas posições em acontecimentos que já passaram, antes de mais nada, saiba que o passado já passou, não há como modificá-lo, e se você se prender e permanecer sempre se cobrando por ter ou não ter feito isso ou aquilo, desta ou daquela forma, manterá seu raciocínio, sua habilidade mental e suas energias, tanto físicas quanto espirituais, focadas naquilo que poderia ter sido, o que, não importa a força com que deseje, não te conduzirá a lugar algum. Ou seja, será, primeiro, uma perda de tempo e energia, e, segundo, e o que é ainda pior, é que ao fazer isso, manter-se preso ao passado e querendo modificar a pessoa que você foi, perde o controle da pessoa que você é, e tende a repetir o mesmo comportamento que agora critica por ter praticado antes.

> Quando nos repreendemos por não termos feito aquilo que talvez fosse melhor para nós, abrimos a porta para a decepção e a tristeza.

Perceba, então, que você estabelece um círculo vicioso, pois no tempo presente, no agora, se esforça inutilmente para mudar a pessoa que você foi no passado e acaba não modificando a pessoa que é agora, o que fará com que no seu presente você cometa os mesmos erros de antes. Logo, estará condenando a si, do futuro, ao mesmo comportamento de crítica relacionada a quem você foi, no passado.

Quando digo e repito que o que se precisa no mundo é "mais aceitação e menos julgamento", quero dizer que essa aceitação, antes de ser dada a um terceiro, deve ser dirigida para você. É necessário entender o que fez, é claro. E perguntas sempre irão surgir, tipo: "por que aguentei um casamento abusivo por tanto tempo?", ou "por que deixei que outras pessoas ditassem os meus comportamentos?", "por que não me permiti viver minha sexualidade em liberdade?", e outras tantas perguntas. Se começarmos a elaborar perguntas sobre nós e sobre os comportamentos que temos tido ao longo da vida, não pararíamos mais de fazer isso, e talvez precisássemos de outro livro só de perguntas, mas, veja, é importante, sim, responder a si essas perguntas, mas é em relação à resposta obtida que não se deve se prender.

> **Antes de qualquer coisa, se compreenda, e, após ter compreendido a si, evite se julgar.**

Todos nós, independente do gênero ou a orientação sexual, sabemos a resposta para essas perguntas desde sempre, aliás, se perguntar para um viciado em qualquer tipo de droga, ele irá te responder, quando não estiver sobre os efeitos do uso e da abstinência, que ele tem conhecimento que aquilo faz mal, que esse comportamento o prejudica, entretanto, se ele, de posse desse conhecimento, ao invés de, gradativamente, alterar seus padrões e, aos poucos, mudar por completo seu comportamento repetitivo, substituindo aquele vício por algo que o traga completude de vida, ele se culpar e se punir por não ser forte o suficiente para se modificar, ele dificilmente conseguirá deixar de ser controlado pelo vício. Assim também é com a vida de qualquer pessoa, quando nos julgamos, quando nos repreendemos por não termos feito

> **Suas ações, no momento presente de sua vida, dão forma aos seus momentos futuros.**

aquilo que talvez fosse melhor para nós, abrimos a porta para a decepção e a tristeza, para a depressão, o que nos impede de agir de forma racional nas ações que estamos executando no momento presente. Isso, por sua vez, nos leva a repetir o mesmo padrão de comportamento.

Antes de qualquer coisa, se compreenda, e, após ter compreendido a si, evite se julgar, saiba ser dócil consigo, e veja se as respostas para as perguntas que você se fez te conduzem para uma necessária mudança em sua postura ou comportamento. Lembre-se: não é pelo outro, não é por nenhum padrão de comportamento, mas por aquilo que te trará felicidade. Este é o seu padrão, você, a sua felicidade. Então, comece a se transformar, aos poucos, mas de forma contínua, liberte-se.

"Se é para mudar, faça-o por você"

Outro grande problema, e que é fator gerador para uma enorme gama de distúrbios de ansiedade e crises de pânico, é a pessoa tentar viver no futuro. Se o passado te causa tristeza e você deseja um futuro promissor, de nada adiantará fechar os olhos, não tomar nenhuma atitude e viver esperando que esse momento chegue.

> *As grandes mudanças começam por pequenos passos.*

O futuro não existe ainda, ele está sendo criado em seu presente, então, a todo instante, você precisa compreender que suas ações, no momento presente de sua vida, dão forma aos seus momentos futuros. Cada passo que você der irá te levar para alguma direção, e não dar passo nenhum te levará a ficar no mesmo ponto de dor e sofrimento em que se encontra agora.

Vamos pensar em uma casa e na limpeza dela. Eu, como a maioria das mulheres, penso eu, sou bem exigente com limpeza, gosto das minhas coisas arrumadas e cada uma delas em seus devidos lugares. Sim, eu sei que isso é comum entre as mulheres. E também sei que qualquer homem vai se achar organizado (e até conheci alguns que realmente eram, de verdade), mas qualquer mulher que conviva ou que já tenha convivido com algum homem saberá que para eles o que está organizado, para nós, é uma tremenda bagunça. Mas, brincadeiras à parte, para manter uma casa limpa e organizada, é preciso, antes de mais nada, ter os instrumentos adequados para isso. Não adianta varrer um chão de

> *Como você pode dar, se nem mesmo sabe o que tem para dar?"*

tacos com vassoura de piaçava, correto? Vai arranhar tudo. Assim também é a sua mente, não adianta querer mudar de uma hora para outra; infelizmente não existe um botãozinho mágico que, ao apertar, tudo estará no lugar certo.

É preciso adquirir as ferramentas emocionais que te possibilitarão organizar sua casa. Nesse caso, sua casa é seu cérebro e seu espírito, e essas ferramentas estão dentro de você. As pessoas de fora até podem te dizer quais são essas ferramentas e onde encontrá-las, mas descobri-las em você é um trabalho autônomo, que só você pode fazer. E este é o problema... Às vezes estamos tão machucados que não conseguimos sequer encontrar em nós nossas habilidades emocionais. É por isso que eu digo e repito que as grandes mudanças começam por pequenos passos, os quais precisam que você se coloque no centro do seu universo.

Não se trata de ser egoísta, não; é só a percepção de que, em sua vida, a única coisa que não pode, em hipótese alguma, faltar para que você continue vivo é você, então, é natural que você esteja no centro. É claro que irá se dedicar à sua família, e aqui faço um agrado aos homens, que entenderão a referência: "pois alguém que não se dedica à família não é digno de confiança" — essa frase é do filme O Poderoso Chefão, de F.F. Coppola. E vejam, mesmo quando eu trato de coisas sérias, procuro sempre manter a minha leveza, porque eu sou assim, sem

> **Dificilmente uma pessoa que se conheça e que se entenda será vítima de uma situação desagradável que se repete.**

máscaras, e isso é bom, porque me traz felicidade, mas, assim mesmo, não deixo de me dedicar a outras pessoas, no caso, vocês, que estão me lendo, oferecendo o que eu tenho de melhor. Então, ao se colocar no centro da sua própria vida, você não estará deixando de se dedicar às outras pessoas, filhos, esposas, maridos, amigos, não, ao contrário, terá ainda mais a oferecer.

"Como você pode dar, se nem mesmo sabe o que tem para dar?" Essa é uma pergunta que merece ser respondida. Porque o autoconhecimento adquirido na constante busca pela felicidade te possibilitará dar auxílio às pessoas que a cercam, e dessa maneira estaremos todas cumprindo com nosso objetivo de vida, porque a vida se trata disso, da felicidade e do amor ao próximo, mas dentro de suas limitações.

Tais limitações você só saberá quando estiver no centro do seu mundo, pois assim será capaz de enxergar até onde pode oferecer. Dificilmente uma pessoa que se conheça e que se entenda será vítima de uma situação desagradável que se repete.

O autoconhecimento impedirá que coisas desagradáveis aconteçam com você? Não. Mas te farão enxergar que existem outras possibilidades, e você não precisa, para ser feliz, da aceitação ou, e principalmente, da permissão de outras pessoas. Às vezes, o que precisa é você mesmo independente das circunstâncias. Aconteceu alguma coisa? Bom, coisas acontecem... É isso que elas fazem, acontecem. Mas se aconteceu e não é da forma como você deseja ou esperava, ou queria, perceba então que neste momento surgem três opções para você:

1. Você se entristece e se recolhe, desistindo por não ter sido da forma exata que havia planejado ou desejado que fosse;

2. Vai para cima e tenta forçar a situação a se tornar aquilo que deveria ser, de acordo com a sua vontade, o que muitas vezes sai ainda mais caro e muito doloroso, ou

3. Sorria, confie em Deus, vá para frente do espelho, respire fundo e deixe seu sorriso iluminar seu rosto, que é belo como Deus fez, e viva aquele acontecimento com calma, tentando extrair, mesmo dessa dificuldade, o que de bom houver.

Vamos nos lembrar de como funcionam as ondas do mar. Elas são sempre muito fortes, é quase impossível de se manter de pé na areia sem que a onda te arraste, mas, se ao invés de enfrentá-la, ou de tentar fazer com ela volte ao mar, você se jogar? Talvez a mesma onda possa te trazer experiências novas, ou mesmo te levar para lugares melhores.

Meu caderninho cor-de-rosa

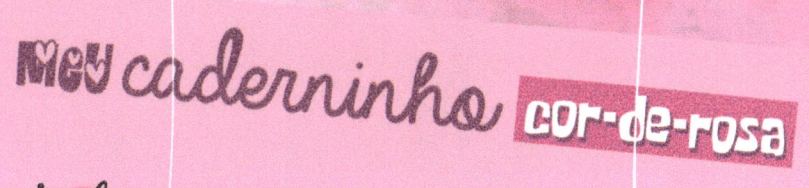

Malu_Luke, Malukee, Manoela, Manu, Ketlyn, Kettilly, Kiara, Kidia, Kike, Kleiton, Laila, Laisa, Laize, Laize Vitória, Lala, Lara, Laria Maria, Larissa, Larissa Romeu, Laryssa, Laura, Lavínia, Lavínia, Lavynia, Layanna, Layne, Lázara, Leidilana, Leila, Lene, Leodivania, Leonardo, Manu Souza, Manuela, Manuella, Manuella, Manuely, Manuzinha, Marcela, Marcella, Marcelly, Marcelo, Márcia, Marcin Silas, Marcio, Marco, Marcos, Mari Rosa, Maria, Maria Alice, Maria Alves, Maria Antônia, Maria Beatriz, Maria Carol, Maria Cecília, Maria Clara, Maria Diana, Maria Eduarda, Milleny Vitória, Mirelly, Mirih Gloss, Monyzinha, Mundo da José, Mylla, Myrellah,

MULHERES
EMPODERADAS
EMPODERAM
outras mulheres

CHAVE 18

A Chave da INICIATIVA

> "O primeiro passo é sempre o mais desafiador, porque é com ele que se inicia qualquer caminhada, mas é justamente ele que irá te conduzir para onde você deseja chegar".

Sei bem que falar em receitas para se alcançar a felicidade tenderá facilmente a planificação das pessoas, e tenderá a desconsiderar o aspecto pessoal e individual, porque cada um de nós é dotado do sopro divino e também dos mandamentos dessa força espiritual. É em nós que se encontra, não apenas nossa felicidade, mas também as ferramentas com as quais podemos descobri-la. É o autoconhecimento, dotado de amplo sentido de verdade, que te proporcionará a felicidade.

Entretanto, apesar de não possuir, e muito menos querer aplicar a forma que para mim funcionou, e até então tem funcionado, desejo oferecer um caminho possível para seguir, um caminho que poderá ser

NOSSO CÉREBRO É MOVIDO PELA SATISFAÇÃO DE NOSSOS DESEJOS.

o início de sua recodificação e da implementação de novas formas de pensar, sentir e de projetar-se para o mundo.

Falei antes de como você reflete a imagem que projeta no mundo, e é disso que se trata, afinal. Muitos podem considerar que ao mudar seu exterior, essa mudança seja insuficiente para repercutir na sua parte interior, mas, vejamos, nosso cérebro é movido pela satisfação de nossos desejos, é o prazer que move nossas intenções, contudo, para além de sabermos controlar esses nossos impulsos, é essencial, antes, criarmos as condições para que nosso cérebro se acostume a encontrar o prazer, não nas nossas idealizações, mas na realidade que se mostra aparente.

E se essa modificação passar, por exemplo, por alguma intervenção cirúrgica, bom, tudo bem... O que importa é que você se sinta feliz, para, dessa forma, projetar sua felicidade no mundo, para que o próprio mundo confirme sua felicidade. No entanto, se isso for feito de forma precipitada, sem que antes tenha sido considerado a sério todas as implicações envolvidas, dificilmente será uma modificação real. Lembre-se sempre de agir com tranquilidade nas suas reflexões e não faça nada por impulso.

> Aquilo que te incomoda hoje não necessariamente será o que te incomodará amanhã.

O que quero dizer é que deve fazer o que quiser, é claro, mas desde as coisas mais mínimas até as mais radicais devem ser feitas após a análise cuidadosa, tanto de necessidade quanto de possibilidade. Se não gosta do seu nariz, ou se isso te traz muitas dores, bom, primeiro procure ver se, ao modificá-lo, você de fato irá encontrar a autoestima, se, sim, ótimo, tem condições para arcar com a intervenção cirúrgica? Se não, então use isso como um objetivo a ser alcançado.

Ter metas na vida não é necessariamente abdicar de seu presente, mas satisfaça-se com a própria busca, com o caminho até o atingimento desse objetivo, e verá que, talvez até mesmo durante a busca, encontrará e resolverá os problemas que te impulsionaram a tomar tal decisão. Nesse caso, poderá até mesmo decidir que não precisa da cirurgia para se sentir feliz, e está bem também, porque agora aceitará o corpo que tem, e ainda terá uma boa quantia de dinheiro guardada, que poderá, quem sabe, ser utilizada para uma viagem dos seus sonhos, trazendo, assim, ainda mais felicidade do que a cirurgia, mesmo que esta fosse sua intenção original.

Tenha sempre em mente que a pedra que se encontra em seu sapato hoje não será necessariamente a mesma de amanhã. É importante programar-se para resolver aquilo que o incomoda, mas não a ponto de tornar essa busca uma obsessão. Nunca condicione sua felicidade a esse elemen-

> *A busca pela solução de algum problema é o que te motiva, mas não deve ser o que te condiciona.*

to, por exemplo: "só serei feliz quando for assim ou assado, quando tiver isso ou aquilo", seja feliz a todo instante. Exercite a felicidade e saiba que a busca pela solução de algum problema é o que te motiva, mas não deve ser o que te condiciona.

Um Pouquinho de Mim

Como muitos de vocês sabem, eu tive uma infância bem restrita, mas o que alguns podem não saber é que cresci no interior de Minas Gerais —além de adorar um bom pedaço de queijo, tenho o hábito de falar tudo no diminutivo, então, amor vira amorzinho, pedaço vira pedacinho, por favor vira por favorzinho, e por aí vai, mas falar em diminutivo não quer dizer que estamos diminuindo a importância de alguma coisa, ao contrário até, quando falamos dessa forma, queremos dar exatamente o sentido de importância que aquilo tem para nós.

Então, sempre me lembro da minha caminha e da minha cobertinha meio rasgada, e também da minha vontade de permanecer na cama por mais tempo, ainda mais em dias mais frios e chuvosos. Não tínhamos boas condições financeiras, não chegávamos a passar fome, mas também estávamos muito longe de ter uma vida confortável, ainda assim eu era feliz. Era feliz porque sentia que era amada por minha mãe, e desde pequenininha aprendi que a vida, vivida em sorrisos, é muito mais prazerosa.

Não digo que não exista nada que hoje eu quisesse ter feito diferente, ou que não tenha tido também meus erros. Mas a vida é um caminho de aprendizado constante, e aprender com nossas falhas é algo ex-

> **A vida é um caminho de aprendizado constante.**

celente e indispensável, desde que não fiquemos presos em olhar para trás e nos repreendendo por não termos feito desta ou daquela forma, é preciso se compreender, se perdoar e seguir em frente, porque, como eu disse, a vida é um caminho de aprendizado, e, em um caminho, só se chega ao fim quando se continua em frente, pois, se a cada momento

> **É preciso se compreender, se perdoar e seguir em frente.**

ruim que vivencia você ficar querendo voltar atrás para corrigir, o que acontecerá é que jamais seguirá em frente.

Eu tenho uma mãe que me ama e sempre quis o meu melhor, como eu mesma hoje desejo para meu garoto, e acredito que qualquer mãe sinta o mesmo por seus filhinhos — só mesmo quando me tornei mãe é que passei verdadeiramente entender minha mãe, quando ela dizia, de forma severa: "você precisa estudar porque o conhecimento é a única coisa que ninguém pode tirar de você. E se você quer chegar a lugares altos, precisa estudar". Eu sei o que ela queria dizer com isso, hoje eu sei. Sei que não era apenas um conselho para que eu me dedicasse mais aos estudos, era algo mais do que isso, porque hoje também já aprendi que quando ela falava que o conhecimento era a única coisa que jamais poderiam tirar de mim, estava dizendo que minha felicidade, ou meu sucesso enquanto mulher, enquanto mãe, e enquanto o ser humano que sou, só seria alcançado se EU me esforçasse. É por isso que eu digo sempre e sempre, no lugarzinho mais quentinho do meu coração, em especial para meu time de mulheres empoderadas:

Você é linda, e não há ninguém como você em todo esse universo sem fim. Você é o melhor que há em sua vida, é preciso que você assuma o controle e a responsabilidade da sua vida.

É impressionante perceber como as recordações que carregamos, as emoções que vivemos ao longo de nossa infância, principalmente as mensagens que recebemos das pessoas importantes de nossa vida, acabam determinando os nossos padrões mentais e, de alguma forma, moldando nossos comportamentos, nossas escolhas e, muitas vezes, definindo nossos caminhos, nosso progresso e nossas conquistas.

Embora eu ainda não entendesse muito bem a definição de conhecimento, e naquela fase da minha vida isso não fizesse tanto sentido, cresci com a crença de que seria ele que me faria chegar em todos os lugares que quisesse alcançar e que, portanto, com o conhecimento, eu poderia realizar todos os meus sonhos.

Por muito tempo em minha vida me perguntei por que existiam pessoas que conseguiam ser felizes mesmo enfrentando a adversidade mais severa, enquanto outras, mesmo que vivessem em situações que à primeira vista e se comparadas até com as situações daquelas primeiras pessoas pareceria bem mais propícias à felicidade, sentiam-se tristes, deprimidas e precisavam recorrer à ajuda de remédios. Foi para me responder esse questionamento que direcionei meus estudos e meu aprendizado.

> Qual seria o elemento que se sobressaía para que pessoas fossem felizes ou tristes?

Qual seria o elemento que se sobressaía para que pessoas fossem felizes ou tristes? O que estaria por trás desses comportamentos tão distintos?

Quando me deparei com uma famosa frase de José Roberto Marques, um dos pioneiros em Coaching no Brasil, que diz "Quanto mais eu me conheço mais eu me curo e me potencializo", fiquei por algumas horas tentando entender o que ele queria realmente dizer. Foi quando tive um grande insight e percebi que, ainda que a busca pelo conhecimento seja, sim, muito importante, é o autoconhecimento o passaporte que nos leva aos lugares mais altos, já que é só quando você se conhece verdadeiramente que adquire as ferramentas necessárias para gerenciar suas emoções, e, dessa forma, sabendo gerenciar suas emoções e seus impulsos, é que a felicidade se torna evidente em sua vida, porque essas

> O AUTOCONHECIMENTO É O PASSAPORTE QUE NOS LEVA AOS LUGARES MAIS ALTOS.

pessoas passam a encontrar a alegria de viver no que elas já possuem, e não na ilusão de se obter a felicidade somente quando conseguirem o que falta em suas vidas.

Não se trata de satisfazer, de desejar a zona de conforto, muito pelo contrário, é saber extrair de cada momento o que de melhor ele tem a

> Ser feliz é antes um processo de escolha do que um estado de espírito.

oferecer. Ser feliz é antes um processo de escolha do que um estado de espírito. Para ser feliz, antes de qualquer coisa, é necessário querer ser feliz e, para atingir esse grau de satisfação, primeiro você precisará desmistificar a premissa de que não é merecedora dessa felicidade.

> Eu quero ser feliz, porque eu mereço a felicidade!

Essa frase deve ser repetida todos os dias em frente ao espelho, ou quando está tomando banho e sente o toque de sua mão em seu corpo, em seus cabelos. É preciso aprender a se amar, e a desejar para você tudo de bom que você deseja para as pessoas que são importantes em sua vida.

Entenda, não importa se está acima do peso, sentindo-se bem com o seu corpo é o que importa! Se não, tudo bem, exercite-se, faça dieta, aos poucos, sabendo respeitar os limites e as necessidades do seu corpo, mas não condicione seu estado de felicidade a números na balança. Esse é só o seu estado físico aparente, e como qualquer estado físico, de qualquer elemento que componha a natureza, pode ser modificado. A questão é energia, se quer que água vire gelo, basta aplicar uma temperatura baixa, se quer que o gelo volte a ser líquido, adicione calor. Com seu corpo é igual, se quer emagrecer, gaste mais energia, se quer engordar, adicione mais energia, é assim que funciona, mas, da mesma maneira que o gelo ainda é água, da mesma forma que o vapor também é água, saiba que você será você, independente do corpo, ou da forma que esteja, então a felicidade ou a tristeza irá te acompanhar. Por isso, seria apenas uma mudança aparente quando restrita ao exterior.

> A vida é energia, é vibração, e seu ser é como se fosse uma antena que, ao mesmo tempo que recebe, transmite essa energia.

Exercitando a Positividade

A vida é energia, é vibração, e seu ser é como se fosse uma antena que, ao mesmo tempo que recebe, transmite essa energia, então, se os mecanismos de recepção de sua mente estiverem sintonizados em fatores negativos e em pensamentos limitantes, como "não vou conseguir", "isso não é para mim", "sou feio", "não mereço", "não vai dar certo" e diversas outras desculpas que usamos para nos autossabotar, só receberemos de volta a negatividade, o que gerará, como resultado prático em nossas vidas, exatamente a negatividade e o fracasso que, por sua vez, irão acentuar nosso pessimismo e farão reduzir ainda mais nossa autoestima e nossa autoconfiança.

Saber gerenciar e lidar com suas emoções de maneira positiva é um passo fundamental para se ter uma vida equilibrada, de maneira que as emoções negativas, que sempre irão chegar — afinal não estou dizendo que tudo devemos receber de forma alegre e com um sorriso no rosto, existem coisas ruins —, mas que essas sejam passageiras, e não a rotina, porque a rotina de sua vida deve ser medida pela quantidade de sorrisos e de positividade que você tem espalhado ao seu redor; se "quem planta vento, colhe tempestade" então imagine o que irá colher se plantar sorrisos, esperança, amor, confiança, sabedoria e gratidão!

A maneira como lidamos com aquilo que nos acontece gera resultados em nossas vidas práticas. Se a tudo, em todo momento, você se questiona, sempre achando ser incapaz ou mesmo dizendo e repetindo que não dá conta, ninguém no mundo irá acreditar que será diferente.

Muitos usam disso para tentar escapar da frustração, pois é comum que os resultados de alguma empreitada não seja exatamente como planejamos que fosse. Então, para reduzir as expectativas, as pessoas, às vezes até de forma inconsciente, diminuem as próprias habilidades e o merecimento para usar esse sentimento como um conforto para o caso de, de fato, não conseguirem. Mas, de novo, e repito quantas vezes forem necessárias:

> **Imagine o que irá colher se plantar sorrisos, esperança, amor, confiança, sabedoria e gratidão!**

Se você definiu metas para sua vida ou almejou a concretização de sonhos na esperança de que pudessem aumentar sua sensação de felicidade e, ao executá-los, falhou ou não os realizou plenamente, coloque tudo o que conseguiu diante de si e abrace suas conquistas firmemente. Mesmo não tendo saído como planejado, elas são suas realizações e essa atitude de aceitação lhe trará melhores condições de alcançar ainda mais em suas próximas tentativas.

É claro que não se deve alimentar muito as expectativas, mas também não se pode temer a ponto de deixar que elas não apenas paralisem sua ação, como também reduzam sua própria autoestima.

> *O fracasso, assim como a vitória, é atributo exclusivo dos que tentam.*

Acredito muito que quando você sabe gerenciar suas emoções, quando permanece firme diante dos obstáculos, e quando é feliz e grato pelo que já possui, sabe o que quer e onde quer chegar, tem amor próprio, autoconfiança e é apaixonada pela arte de viver, isso lhe dá superpoderes. Não superpoderes de voar ou de fazer coisas sobre-humanas, não é disso que estou falando, mas de superpoderes no sentido de te fazer superar seus próprios limites, de romper os padrões repetitivos e viciantes que te levam ao sofrimento. A questão aqui então é: como conquistar esse empoderamento de forma mais assertiva e rápida? Como conquistar a felicidade? Será que existe uma receita que ajuda as pessoas a se sentirem felizes?

Bom, não. Não há, em lugar algum, uma receita, tipo um bolo da felicidade... Isso não é possível, entretanto, existem, sim, fórmulas que te auxiliam a conquistar a felicidade, pois, como já tenho dito, a felici-

> *Será que existe uma receita que ajuda as pessoas a se sentirem felizes?*

> **Existem, sim, fórmulas que auxiliam a conquistar a felicidade**

dade é antes uma conquista pessoal do que algo que alguém possa te dar, não depende de outras pessoas, apesar de permitir ser vivida com outras pessoas, pois a felicidade, meus amores, é, sim, contagiante.

A felicidade é, antes de tudo, uma conquista interior. Portanto, todo o dinheiro acumulado, todos os bens materiais que adquirir ou mesmo o casamento perfeito somente refletirão aquilo que mora em seu coração. A alegria somente estará presente em suas conquistas quando você for mestre de sua vida e seu coração transbordar felicidade. Nenhum fator no mundo externo pode te trazer tanta felicidade do que a alegria que

> **A felicidade, meus amores, é, sim, contagiante.**

está dentro de você — exceto talvez por um pãozinho de queijo, bem quentinho, mas isso são outros quinhentos. Você já é feliz, falta apenas desenvolver seus instintos de forma a perceber como você é pleno e não sabia.

"Ah, mas viver na palavra de Deus traz essa felicidade", muitos dizem, e eu concordo, mas vamos nos aprofundar um pouco mais sobre

> *Ser feliz em Cristo é ser feliz com você.*

isso também. O Senhor nos criou à sua imagem e semelhança, essa é a verdade que eu acredito, e em hipótese alguma eu imagino Deus sendo uma pessoa triste, sisuda e que se acha a última bolacha do pacote. Não. E acho que ninguém pensa isso, ao menos não quem já tenha sentido, como eu, a presença divina em sua vida. Porque Deus é amor, é sabedoria, é compreensão e é justiça, então, ser feliz em Cristo é ser feliz com você, porque, afinal, foi para isso que ELE criou cada ser neste universo.

Abra-se ao espírito divino que habita em você!

Menu

CHAVE 19

A Chave do Pensamento Positivo

"Esculpindo um novo EU"

No início do século XVI, na Europa, mais especificamente na Itália renascentista, um dos maiores pintores e escultores de todos os tempos terminava uma de suas mais belas obras sacras para homenagear o túmulo de seu antigo patrão, o Papa Católico Júlio II. O pintor era Michelangelo, e a estátua era a do profeta Moisés. Após 40 anos de trabalho duro e detalhista, o artista finalmente terminou a escultura. Conta-se que após terminar ele permaneceu por algumas horas parado em frente à estátua, admirando o que havia feito, até finalmente perguntar:

"Perché non parli? Parla." – "Por que não fala? Fale."

Porque, para ser verdadeiramente perfeito, a estátua só precisava falar, mas, apesar de não sermos, em nossos corpos físicos, perfeitos como as estátuas de antigamente, ou como os manequins de hoje, sabemos falar, e, melhor ainda, sabemos ouvir, então fale. Fale consigo, não entregue a outros que te façam elogios ou que te coloquem para cima, que te animem e que te digam o quanto você é especial, se as pessoas falarem, ótimo, mas não pode deixar de ouvir se não houver outras pessoas para dizer, por isso fale, vá ao espelho e diga em voz alta o quanto você é extraordinário, o quanto é inteligente e o quanto é capaz de realizar coisas maravilhosas.

> **Elogie a si, exercite sua autocompaixão e repita isso todos os dias: "hoje será melhor que ontem".**

Não se importe em parecer bobo, aliás, qual o problema em ser um pouco às vezes? Elogie a si, exercite sua autocompaixão e repita isso todos os dias: "hoje será melhor que ontem", porque essa é a informação que você precisa transmitir, de que estará pronto para aproveitar ao máximo tudo o que aquele dia específico te trouxer, e que fará coisas maravilhosas, que não irá desistir, nem por não acreditar em si, e muito menos por dar crédito ao que outras pessoas dizem sobre você, pois o importante é fazer aquilo que te completa.

A felicidade não é uma regra rígida, não é algo que possa ser qualificado como sendo isto ou aquilo, até porque, o que me traz felicidade pode ser que, para você, te cause o oposto. Então, não é tentando reproduzir a felicidade de alguém que você irá encontrar a sua felicidade, porque é uma coisa que depende de você, única e exclusivamente.

Segundo o Dicionário Aurélio, a felicidade é "um estado durável de plenitude, satisfação e equilíbrio físico e psíquico, em que o sofrimento e a inquietude são transformados em emoções ou sentimentos que vão desde o contentamento até a alegria intensa", ou seja, a felicidade é um

> **Não é tentando reproduzir a felicidade de alguém que você irá encontrar a sua felicidade.**

estado em que até mesmo o seu sofrimento passa a ser transformado em bons sentimentos. É a plenitude do seu ser, um lugar, não físico, em que seu EU espiritual se encontra em tamanha paz que os acontecimentos do mundo passam a ser encarados sob a ótica do aproveitamento, porque toda situação, não importa o quão difícil possa parecer ser, também vem trazendo coisas boas, basta saber interpretar.

Em minhas consultorias, geralmente peço aos meus mentorados que me respondam três coisas, apenas três coisas que os fazem felizes, e o resultado é quase sempre o mesmo. A grande maioria diz se considerar uma pessoa feliz, mas apenas uma pequeníssima parcela consegue responder minha pergunta. Muitas não conseguem sequer encontrar uma única resposta que as faça felizes, então eu pergunto para você, o que te faz feliz?

Sei bem que a felicidade não é algo que possa ser qualificado por coisas ou mesmo por situações, é mais a maneira como a pessoa interpreta a sua existência, entretanto, quando você tem conhecimento do que te faz feliz, automaticamente terá desenvolvido a sabedoria necessária para se afastar daquilo que não te faz sentir-se bem. Como minha

> Saber o que te faz feliz, da mesma maneira que saber o que não o deixa feliz, permite que você organize a sua vida de forma que possa buscar a cada dia mais a felicidade.

mãe dizia, do jeito dela, o conhecimento é a melhor e mais eficaz arma que encontrará em sua vida, e o primeiro e indispensável desses conhecimentos é justamente o conhecimento de si.

Saber o que o faz feliz, da mesma maneira que saber o que não o deixa feliz, permite que você organize a sua vida de forma que possa buscar a cada dia mais a felicidade otimizada, e a descartar as coisas que não lhe sejam boas. Veja, se você for alérgico a camarão, por exemplo, e não tiver esse conhecimento, é muito mais provável que venha a passar mal se comer algum prato feito com esse ingrediente, do que se você já souber que esse alimento te faz mal, porque aí você pode simplesmente rejeitar comer.

Assim é na vida: quanto mais você se conhecer, mais apto estará para escapar de riscos ou problemas. E, mais ainda, poderá dedicar-se apenas àquelas coisas que sejam boas para você. Se seu marido, ou esposa, ou amigo, ou trabalho, não está te satisfazendo, primeiro procure entender o que está acontecendo, e, depois, verifique se manter a situação como está é bom ou ruim para você; a partir daí, deste autoconhecimento adquirido, você terá todas as condições de se preparar para buscar por algo que te faça bem.

Muitas pessoas permanecem em circunstâncias não agradáveis ou tóxicas, motivadas pelo medo de que, ao trocar aquela situação, ou desistir de algo que não tem mais jeito e que, ao insistir nela só encontrará o sofrimento, possam se deparar com algo ainda pior, mas perceba que esse medo não está relacionado diretamente ao medo do desconhecido, que é comum a todos nós, mas nasce do desconhecimento sobre você, e é fortalecido pelo sentimento de autopunição.

> Porque a vida se passa no presente, e a melhor versão de você não é a que está por vir, ou a que já passou, é a de agora.

Não tema o novo.

Saiba que todos os dias nasce um novo dia, então, nenhum dia será como foi o anterior, é sempre um novo, assim sendo, temer pelo novo me parece ser a forma como tentamos nos agarrar àquilo que já conhecemos, mas é também uma forma de nos auto enganar, porque tudo está sempre em transformação, por isso repita a cada novo dia: "hoje será um dia melhor que ontem", mas não porque o meu chefe vai pegar menos no meu pé, ou porque eu conhecerei o meu príncipe encantado, e sim porque eu farei com que este novo dia da minha vida seja, para mim, melhor do que o que eu vivi ontem. Porque a vida se passa no presente, e a melhor versão de você não é a que está por vir, ou a que já passou, mais sim a de agora.

Porque só a pessoa que você é neste instante, somente você, que vive no presente, tem o poder de alterar seu futuro e contar outro passado quando esse futuro tiver chegado.

Por muitas vezes ao longo da minha vida e da minha carreira eu me perguntei como alguém poderia se considerar feliz, mesmo que não soubesse o que ao faz feliz, e para responder a essa minha pergunta eu dediquei horas e mais horas estudando, refletindo e pesquisando, o que acabou me fazendo chegar a uma equação sobre a felicidade. É claro que não é uma receita de bolo, mas são padrões que, pela minha experimentação e observação, concluí que possam servir de ponto de partida para as outras pessoas em seu caminho de conquista pela felicidade. Essa equação é uma estratégia para que as pessoas possam acessar, dentro do seu eu mais profundo, os recursos que as sintonizem melhor com o sentimento da felicidade, e que isso as habilite a estar sempre energizadas e motivadas para realizar os seus desejos mais íntimos e alcançar os seus maiores sonhos.

O poder do pensamento positivo.

O pensamento positivo é a chave para o início da mudança e para a aquisição das ferramentas psicológicas necessárias para que você possa exercitar sua capacidade de autoconhecimento e autocontrole.

De acordo com o que está na Bíblia, em Mateus 13:34 "A boca fala do que está cheio o coração". Por isso, tudo o que você fala deve saber que irá para o seu coração, ou seja, não apenas a boca fala do que está em seu coração, mas também o seu coração se enche por aquilo que você fala.

Veja bem, pensar que você será capaz ou pensar que você não será capaz lhe exige o mesmo esforço, então por que não optar sempre por pensar de forma positiva? Que você conseguirá, sim, que você vai conseguir, porque se preparou, porque se planejou, porque aprendeu com

> não apenas a boca fala do que está em seu coração, mas também o seu coração se enche por aquilo que você fala.

seus erros. É essencial ter consciência de que é você quem está no controle de suas realizações e, sendo assim, escolha pensar que pode e vá fundo, realize tudo aquilo que já descobriu que o faz ser feliz. Não tenha medo de errar.

O empresário e palestrante T. Harv Eker escreveu em seu livro "Os Segredos da Mente Milionária" que *"Pensamentos conduzem a sentimentos, sentimentos conduzem a ações e ações, por sua vez, geram re-*

> Pensar que você será capaz ou pensar que você não será capaz lhe exige o mesmo esforço.

sultados". Portanto, tudo começa com um simples pensamento e, quanto mais contínuo for esse pensamento, mais poderoso ele se torna, pois é a partir dele que realizamos nossos sonhos.

Muitas das vezes que escrevo com uma caneta penso em quais teriam sido os pensamentos que levaram o inventor húngaro László Biróo a criar, ainda na década de 1930, a caneta esferográfica. Como é mágico pensar que depois de tantos anos a caneta continua tão presente no nosso dia a dia. Quantos momentos importantes foram registrados através deste objeto criado a partir dos pensamentos de Biróo?

Os pensamentos têm muita força. Eles são poderosos e por isso precisamos aprender a gerenciá-los com muita sabedoria, para que, ao gerarem os nossos melhores sentimentos, possam criar no mundo a realidade que queremos para as nossas vidas.

O poder das declarações positivas.

As declarações positivas são afirmações positivas, geralmente compostas por frases curtas que, se repetidas consciente e continuamente, têm o poder de imprimir em nossa mente inconsciente situações, hábitos e objetivos desejados, para que sejam ativados e transformados em realidade, através das pequenas e contínuas mudanças que fazemos no nosso dia a dia. Essas afirmações são muito poderosas e úteis para quem quer criar novos hábitos, melhorar sua vida e alcançar o sucesso, porque ao afirmar para que você ouça, na sua própria voz, que você é merecedor, que é capaz, aos poucos, criará a normalidade de aceitação e de autoafirmação.

É por meio dessas declarações positivas, feitas por nós e para nós, que podemos mudar aquelas crenças inadequadas, limitantes, que trabalham contra o que desejamos realizar, e criar ou reforçar as crenças que nos favoreçam na busca de nossos objetivos.

Trazemos mensagens negativas em nossa mente desde a nossa infância e as utilizamos no nosso dia a dia, sem mesmo perceber, como se fossem verdades absolutas. Com isso, prejudicamos nosso crescimento e nosso avanço na direção de nossas metas. Por isso, é preciso aprender a identificar essas crenças sabotadoras e substituí-las por crenças fortalecedoras.

Nesse sentido, existe um excelente exercício, bastante simples, mas poderoso, que você pode fazer a partir de agora: comece a pensar e verbalizar suas qualidades positivas. Mas fique atento, porque é muito importante que você pense e verbalize apenas palavras positivas para já ir criando o hábito de substituir todos os pensamentos negativos que possa ter sobre si.

Faça uma lista por escrito, se desejar — o ato de escrever torna essas qualidades mais claras para você e ajuda a gravar mais forte essa visão positiva em sua mente. Depois, releia a sua lista em voz alta e com atenção, procurando absorver cada palavra que escreveu.

Repita esse procedimento todos os dias, de modo consciente e responsável, e complete a sua lista sempre que lembrar de alguma nova qualidade sua que ainda não tenha listado.

Aos poucos vai perceber que suas crenças começarão a se tornar mais positivas, mais construtivas, seus pensamentos passarão a ser mais afirmativos e direcionados para a realização do que você deseja. Além disso, suas ações se tornarão mais diretas e eficazes na obtenção do seu sucesso em ser feliz.

Acredito muito na importância de colocar em prática tudo aquilo que aprendemos. Por isso, o meu convite é para que você experimente usar declarações positivas de poder todos os dias em sua vida.

Então, o próximo passo é colocar tudo isso em prática para fazer acontecer a felicidade em sua vida. Para tanto, quero compartilhar com

> Experimente usar declarações positivas de poder todos os dias em sua vida.

você a minha Receita Mágica de Felicidade, que, para mim, tem funcionado. Ela é uma receita que foi desenvolvida com muito estudo, centenas de horas de treinamentos, muita leitura e incontáveis práticas e experiências com todas as pessoas com quem já tive contato.

Minha sugestão é para que você coloque em prática tudo aquilo que estiver na receita que vou ensinar logo a seguir, por um período que se torne um hábito, eu levei 33 dias consecutivos para mudar meu estado emocional de tristeza e adquirir minha alegria constante, se você deixar de praticar um só dia, terá que começar tudo de novo.

Durante sua prática, lembre-se: por ser essa uma receita testada e comprovada, você não pode esquecer de nenhum ingrediente, além de ter que prestar atenção no modo de preparo e no tempo. Mas, é claro, poderá sempre acrescentar o seu toque especial para que o sabor se torne algo único e exclusivamente seu.

Vamos lá então? Prepare-se para descobrir como você pode se sentir feliz todos os dias, com a minha poderosa e exclusiva Receita da Felicidade. Pegue uma caneta e uma folha de papel, respire fundo e se prepare para trabalhar no passo a passo dessa receita poderosa, colocando toda a sua energia positiva para que ela funcione também para você.

Receita da Felicidade

Ingredientes

100% de Presença.

Papel e caneta a gosto
 (vai precisar fazer anotações).

1 Grande porção de Pensamentos Positivos
 (com crenças fortalecedoras).

Planejamento a gosto (estabelecer seus sonhos).

1 Grande porção de Declarações Positivas
 (com palavras de empoderamento).

100% de Fé (crer, acreditar, confiar).

100% de Ação (terá que colocar em prática).

Hobby na quantidade que desejar
 (escolha algo que lhe traga prazer).

Leitura na quantidade que desejar
 (intelectual).

100% de Gratidão
 (apenas agradecer, proibido reclamar).

Elisa Ponte

Modo de preparo

1. Escolha um lugar onde você possa se sentir totalmente presente, conectado com sua paz interior, sem qualquer interferência externa. Sente-se e se coloque à vontade. Lembre-se de respirar lentamente.

2. A partir deste ponto, pegue sua caneta e anote no papel suas respostas para os próximos passos que vêm a seguir.

3. Comece a pensar em tudo aquilo que você deseja conquistar, quais são os seus sonhos, o que te move ao acordar todas as manhãs, o que faz seus olhos brilharem. Deixe que suas crenças fortalecedoras o empoderem para que você se veja sendo capaz de conquistar tudo aquilo que deseja.

4. Coloque esses pensamentos em ordem e acrescente uma porção dobrada do seu "eu crítico", respondendo para cada um deles as seguintes questões: meus sonhos são possíveis? Aonde quero chegar? Em quanto tempo irei chegar? O que preciso fazer? Por onde começo? O que pode dar errado? Como posso evitar que dê errado? Aproveite para organizar seus pensamentos positivos.

5. Agora é hora de você declarar positivamente tudo aquilo que planejou e desejou. As declarações positivas têm uma vibração muito forte em tudo aquilo que você deseja alcançar. Lembre-se de que as declarações só podem ter palavras e verbos positivos. Use palavras e frases como: eu posso, eu sou realizador, eu sou um ímã de atrair coisas

extraordinárias, tudo o que início, eu termino, eu sou vencedor, sou muito feliz, sou muito capaz. Você deverá reler essas declarações todos os dias, pela manhã, à tarde, à noite, e sempre que tiver um tempo disponível para renová-las.

6. Agora é hora de acrescentar um ingrediente muito importante: a Fé. É preciso confiar que tudo aquilo que você acredita vai dar certo. Então, você sentiu, pensou, declarou e agora é hora de acreditar que todos os seus sonhos serão realizados, todos os seus objetivos e todas as suas metas serão alcançadas num curto prazo de tempo, de modo a levá-la à felicidade.

7. Parta para a ação. É hora de agir, de colocar tudo aquilo que você planejou em prática. Então, comece o seu dia praticando o que se propôs a fazer, estabelecendo tempo e hora para tudo aquilo que deseja realizar. É muito importante praticar essa gestão de tempo, saber tudo aquilo que você vai fazer no seu dia a dia. Então, tempo e hora são fundamentais nesse processo de colocar o seu planejamento em prática.

8. Fundamental também é que você se mantenha fisicamente saudável. Escolha alguma atividade física que lhe dê prazer e a pratique. Pode ser uma dança ou um esporte. O objetivo é ativar o seu metabolismo para produzir endorfina, um dos hormônios da felicidade.

9. Escolha algum tipo de leitura do seu gosto para ativar o seu intelecto. Pode ser algo de um curso, uma formação, ou outro tipo de material que desperte o seu lado intelectual e a mantenha em evolução. O conhecimento nos desperta para vermos novos horizontes e novas perspectivas e nos abre uma nova visão de mundo.

10. Agora é hora de acrescentar gratidão à sua receita. É o momento de você estimular a produção da ocitocina no seu corpo, o hormônio do amor. Agradeça pelo seu sonho, pela sua força, por tudo aquilo que está chegando em sua vida, por tudo aquilo que você está atraindo de bom. Gratidão, com certeza, é um dos ingredientes mais importantes dessa receita da felicidade. Lembre-se de que quanto mais você agradece, mais coisas extraordinárias lhe acontecem. Então, comece a agradecer desde já.

Vale mencionar que hoje já existem vários estudos que provam que as pessoas felizes são muito mais bem-sucedidas, pessoal e profissionalmente, tendo inclusive uma saúde e uma longevidade maior do que as que não são felizes.

Segundo o Dr. Nelson Annunciato, neurocientista da Jolivi, a felicidade não é um estado abstrato, mas, sim, um estado físico desencadeado por reações químicas, visto que ela ativa um grupo de neurotransmissores, também chamado de "Quarteto da Felicidade": a endorfina (para você ser feliz sem dor), a serotonina (para você ser feliz sem estresse), a dopamina (para você ser feliz com mais motivação) e a ocitocina (para você ser feliz com mais amor e carinho).

Cada uma dessas substâncias químicas, liberadas naturalmente pelo cérebro, exerce um trabalho específico e muito especial para o nosso organismo. E a boa notícia aqui é que a nossa Receita Mágica de Felicidade tem todos os ingredientes para ativar esses hormônios, de maneira que você possa se sentir feliz todos os dias.

Que tal se alimentar desses ingredientes? Você está servido?

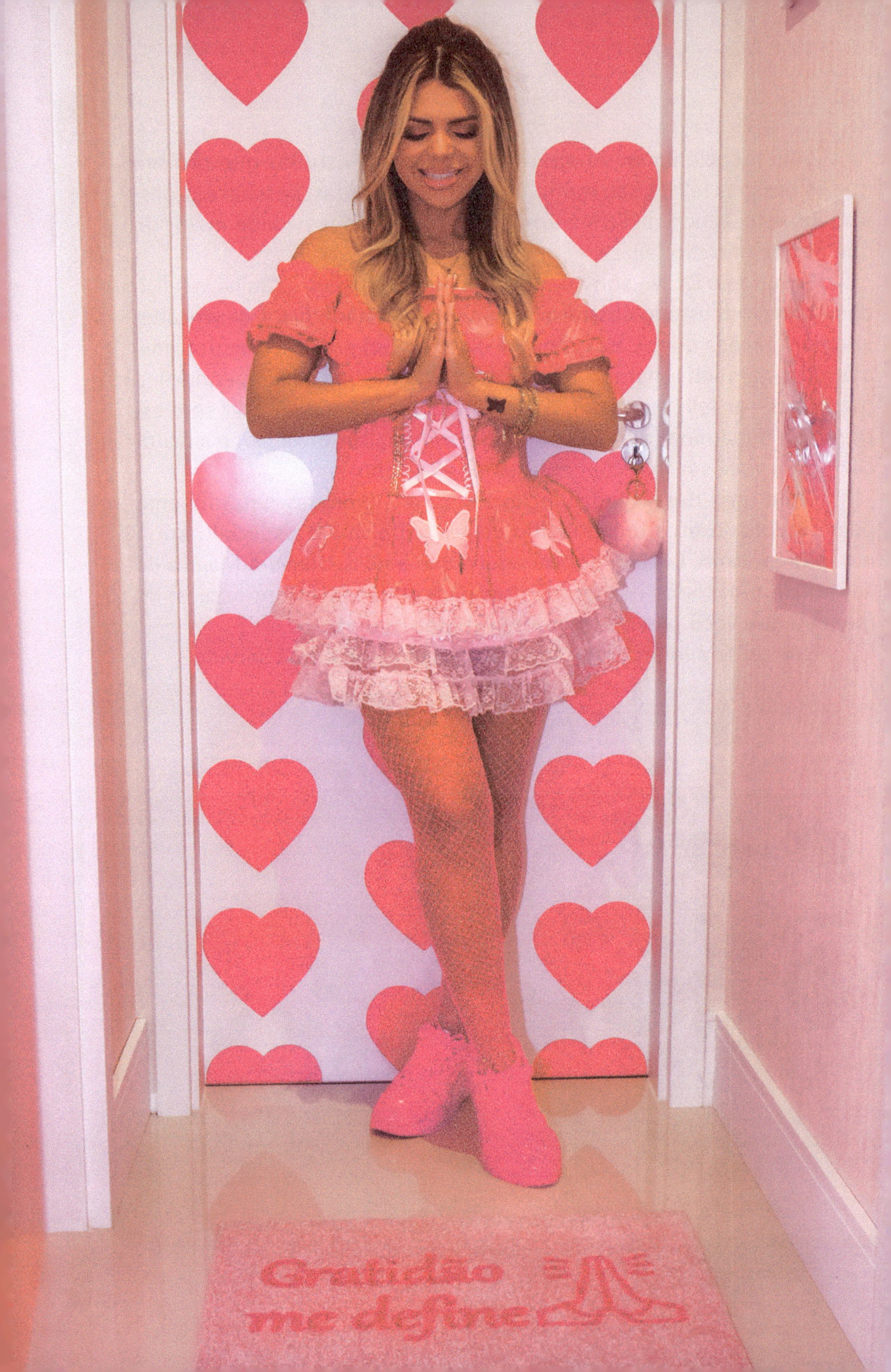
Gratidão
me define

CHAVE 20

A Chave da Autodisciplina

"Saiba que só você é tão importante em sua vida a ponto de poder modificá-la".

A autodisciplina é o principal fator para que você consiga acabar de vez com a preguiça e com a procrastinação, com o eterno deixar para depois. Já expus neste livro que o ideal para viver feliz é viver na realidade, muito embora deva-se sempre aprender com o passado e programar-se para o futuro, mas tanto o aprendizado quanto a programação futura dependem de constância exercida no momento presente.

Todo mundo, penso eu, gostaria de ser disciplinado, de conseguir estudar mais e de forma mais eficiente, de conseguir seguir uma rotina de exercícios ou de leitura, mas muitos não conseguem, porque acabam se prendendo àqueles pensamentos desmotivadores, e muitos usam como desculpas as menores situações. Da mesma maneira que treinar o corpo só trará resultados a longo prazo, exercitar a disciplina é antes um processo do que um acontecimento. Você não se torna uma pessoa mais disciplinada só porque tomou a decisão de ter mais disciplina.

Essa tomada de decisão, de fato, até é o primeiro passo, mas se ela não vier acompanhada de um conhecimento das distrações que constantemente te roubam a atenção ou a continuidade em alguma coisa, ela será apenas mais um impulso que você não terá aproveitado de todo o potencial.

Foque no que realmente importa e, principalmente, fuja das distrações, mas faça isso aos poucos. Lembre-se que seu corpo se cansa, e que ainda não está acostumado à disciplina, por isso, tentar, logo de cara,

> **Foque no que realmente importa e, principalmente, fuja das distrações.**

organizar tudo o que tenha identificado como sendo prejudicial em seu comportamento, só te levará ao estresse físico e mental, e não produzirá os resultados almejados.

É preciso haver a tensão e o relaxamento, só assim se conseguirá mudar o estado anterior. Pense em um cabo de borracha de um determinado tamanho, se você o puxar com muita força e muita velocidade, é possível que ele quebre, mas, se puxar devagar e de maneira contínua, dando tempo para que as estruturas se adaptem à nova realidade, você conseguirá por fim aumentar o cabo. Assim é a sua disciplina, deve ser exercitada, mas aos poucos, nas pequenas ações.

Proponha-se, primeiro, a ler algum livro, se possível aquele que você gostaria de ler há um bom tempo. A leitura é um excelente exercício para a mente e para a autodisciplina, porque exige que você se dedique por alguns dias àquela leitura, mas não tente ler o máximo que

> **Acostume seu cérebro e seu organismo a concluir tudo e qualquer ação que você tenha se proposto a fazer.**

conseguir todos os dias, pois não se trata de quantidade, mas de qualidade. Então, leia só enquanto for prazeroso para você naquele dia, mas continue a leitura de onde você parou no dia seguinte. Verá que em menos de uma semana isso será bem mais natural, e a quantidade de páginas que você conseguirá ler até se cansar terá aumentado, com certeza, ao ponto de, em alguns meses, você se tornar uma excelente leitor, tanto em velocidade quanto em capacidade de absorção daquele conteúdo.

É um exercício simples, mas útil, principalmente por trabalhar a mesma região do cérebro responsável pela conclusão das tarefas. Veja, ninguém gosta de tarefas, ninguém faria algo que não fosse necessário, o ser humano é naturalmente, como qualquer animal, inclinado ao descanso, mas, diferente dos outros animais, nós temos este maravilhoso cérebro que nos possibilita imaginar as coisas mais malucas e transformar a nossa realidade. Então, exercite seu cérebro.

Acostume seu cérebro e seu organismo a concluir tudo e qualquer ação que você tenha se proposto a fazer, não deixe para depois, porque, como já disse, o depois é o agora do antes, então o único depois que existe é o agora. O depois de depois dependerá do que você tiver feito.

> **As grandes metas só se tornarão alcançáveis quando você tiver reunido todas as pequenas.**

Qual é a primeira ação que você faz depois de acordar?

Se a resposta for "me dedico ao meu trabalho; meus filhos; meus amigos ou às minhas redes sociais", bom, aí então eu tenho uma notícia que pode não ser a mais agradável do mundo: esse é justamente um comportamento que precisamos mudar, porque a primeira coisa que você deve fazer em seu dia, no sentido de aumentar a sua disciplina e alcançar suas pequenas metas — e digo as pequenas metas porque, não se engane, as grandes metas só se tornarão alcançáveis quando você tiver reunido todas as pequenas — é justamente cuidar de você, quer seja preparando uma refeição mais orientada para seu objetivos de saúde ou

> **As primeiras horas do dia são as melhores para educar o seu cérebro.**

físicos, quer seja tirando alguns minutos para ler poesia ou para estudar, ou ainda para fazer algo, desde que seja para você.

Saiba que as primeiras horas do dia são as melhores para educar o seu cérebro, e qualquer atitude pode confirmar isso em sua vida. Experimente acordar um dia e, mesmo que seja um dia chuvoso e você tenha que ir de ônibus para o trabalho, experimente sorrir, agradecer a Deus por mais um dia de vida, esticar seus músculos devagar e fazer algo que te dê, não o prazer propriamente dito, mas alegria, que pode ser cuidar das plantas, ou ler, tomar um banho mais demorado, e respire de forma calma, projetando seu corpo e canalizando suas energias em pensamentos positivos. Assim, verá que seu dia, muito provavelmente, e independentemente das dificuldades que possam surgir ao longo dele, te parecerá mais leve e mais proveitoso.

Ao passo que, se você acorda já desanimado, já pensando em como aquele dia demorará para passar, nos trabalhos que precisará fazer, nas funções que precisa desempenhar, no trajeto longo e tudo mais, sua experiência com esse dia provavelmente não será das melhores. Porque, antes mesmo de ele acontecer, você já projetou nele uma carga de negatividade, de cansaço e de frustração, impedindo a si de enxergar o que de bom ele poderia trazer para sua vida.

Como disse, nenhum dia é igual ao outro, mesmo que possam ter elementos semelhantes, por exemplo, a empresa onde você trabalha provavelmente continuará sendo a mesma, no lugar de sempre; seus colegas, seus chefes serão os mesmos, mas, note que, assim como você, é a primeira e única vez de cada um deles naquele dia específico. Então, na verdade, não são exatamente os mesmos, porque é um novo dia, cheio de possibilidades, repleto de novos aprendizados e de novos conceitos, mas é preciso que você esteja aberto para receber ou perceber essas ações. Estando fechado, tudo o que você conseguirá fazer é repetir, feito uma máquina, o dia anterior, o cansaço anterior e jamais irá conseguir se satisfazer com nada.

Não estabeleça metas que estejam muito além de sua capacidade.

Ninguém nasce disciplinado. Sendo assim, qualquer pessoa pode se tornar disciplinada.

Não adianta, por exemplo, querer perder 15 quilos em sete dias, só porque na semana seguinte começará o verão e você gostaria de estar com um corpo mais em forma. A única coisa que irá conseguir é causar alguma doença ou desenvolver algum distúrbio alimentar. Tenha a clareza de que essa determinação deveria ter sido feita meses atrás, e por qualquer motivo você não fez, essa é a realidade. Agora também não adianta nada você se deprimir e se culpar por não ter feito, e muito menos se punir, não se permitindo aproveitar do verão, mas estabeleça de imediato esta como sua nova meta para o próximo verão.

O importante aqui é não se enganar, pois, o que ocorre com frequência é que, nesse exemplo, a pessoa acaba estabelecendo esta nova meta para o próximo verão, mas usa desse artifício para ser indulgente consigo e poder aproveitar o verão sem culpa. Mas, satisfeito agora pela resolução de iniciar o regime para o próximo verão, a pessoa repete os mesmo padrões

> Comece por identificar os elementos e as condutas que te fazem não ser uma pessoa disciplinada e, a partir daí, estabeleça pequenas e crescentes metas, que sejam alcançáveis.

de comportamento que a conduziram ao estado que a desagradou, então não houve aqui o autoaprendizado, porque o passado, com nossos erros e acertos, serve para ser um guia para as ações, não no futuro, mas no presente, então aproveite sem culpa e sem julgamentos o verão que você tanto desejou, mas comece de imediato o regime proposto, porque não é uma determinação de momento, é uma mudança real de paradigma.

Ninguém nasce disciplinado. Sendo assim, qualquer pessoa pode se tornar disciplinada. Quando você só faz aquilo que quer quando quer, você estagnará e isso só te causará, a longo prazo, dor, sofrimento e decepção. Então, comece por identificar os elementos e as condutas que te

> Não seja refém de suas emoções, de seus impulsos, faça aquilo que for melhor para você.

fazem não ser uma pessoa disciplinada e, a partir daí, estabeleça pequenas e crescentes metas, que sejam alcançáveis — porque cada vez que você cumprir uma meta, se sentirá realizado, e esse sentimento será o combustível para continuar em seu caminho de transformação.

Não seja refém de suas emoções, de seus impulsos, faça aquilo que for melhor para você, mas faça. E não substitua por algo que parece ser bom, mas que, no fundo, você sabe que não. As respostas, acredite, estão todas dentro de você. O que acontece é que muitas pessoas não querem ou não conseguem aceitar essas respostas.

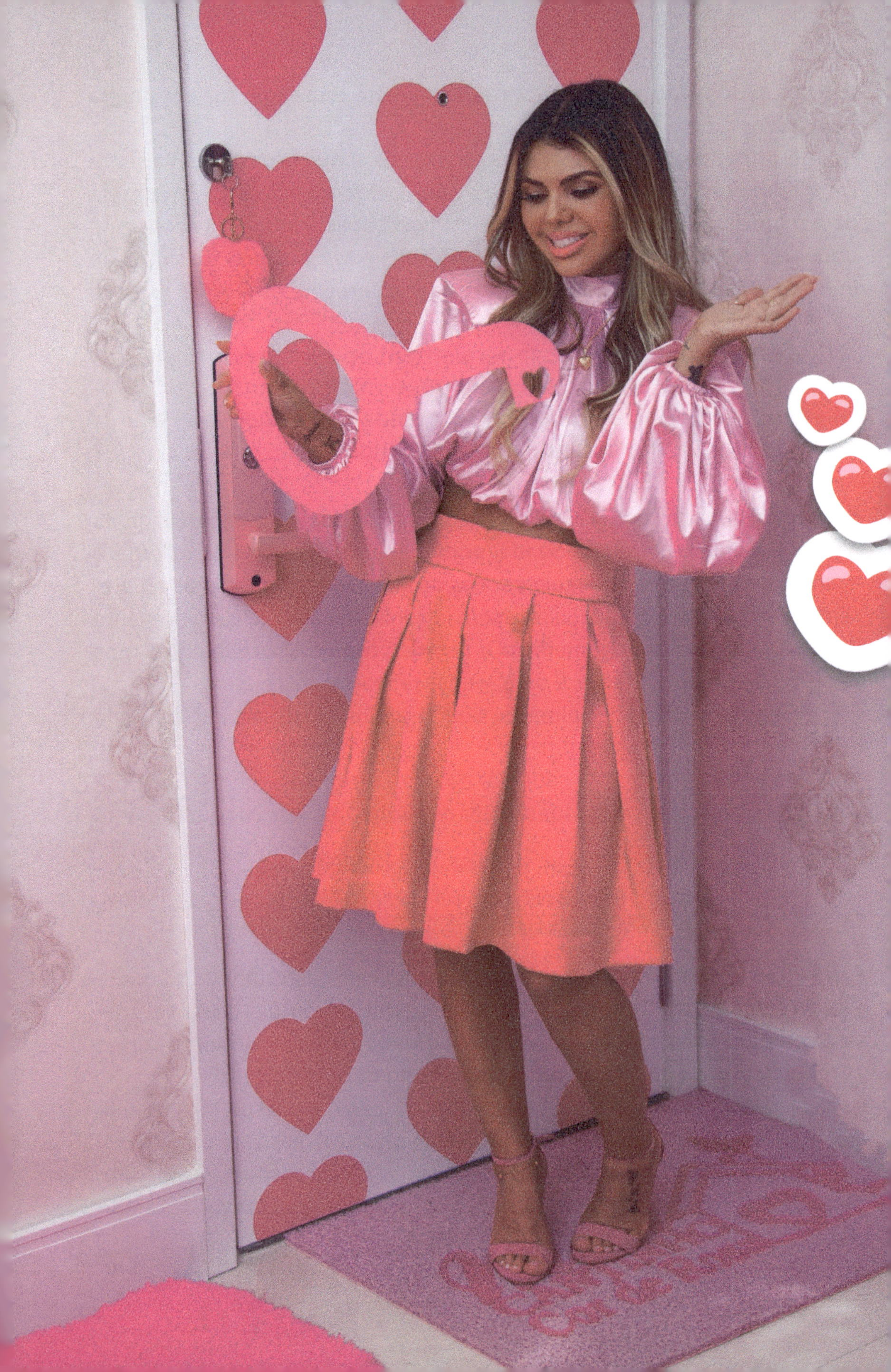

CHAVE 21

A Chave da inteligência emocional

> "A maioria dos obstáculos que enxergamos na vida existe mesmo é nas limitações de nossas próprias percepções, de nossas decepções e de nossos medos. Não seja a pessoa que o trava, seja você a sua CHAVE MÁGICA!"

A inteligência emocional é, na verdade, a reunião de tudo aquilo que tenho tratado ao longo deste livro.

Mas o que é, afinal, essa tal de inteligência emocional?

A inteligência emocional é, primeiramente, a sua capacidade de reconhecer em você os seus próprios sentimentos, é a razão que chegará quando você tiver dominado por completo o seu ser.

A emoção é a forma que nossos corpos se utilizam para agir de uma maneira que seja capaz de encontrar a melhor opção de ação frente a algum obstáculo ou problema, a emoção é sua capacidade de ação, seu reflexo.

Então a inteligência emocional não é o controle de suas emoções, mas a capacidade de saber gerenciá-las, ou seja, sua capacidade de agir

> **A inteligência emocional não é o controle de suas emoções, mas a capacidade de saber gerenciá-las..**

de determinada maneira frente a algum problema. Por exemplo, uma pessoa que é naturalmente agressiva, quando estiver em uma situação de estresse, não tendo desenvolvido sua inteligência emocional através do processo de autoconhecimento, certamente explodirá, e certamente esta explosão terá consequências que podem, muitas vezes, trazer mais malefícios que benefícios, agora, se essa mesma pessoa souber que é naturalmente explosiva, ela saberá que aquela situação de estresse pode levá-la a uma explosão de agressividade e, desta forma, poderá ou se afastar, ou buscar por algo que a deixe mais relaxada.

Não é possível controlar suas emoções, mas é possível gerenciar suas ações, por exemplo, quando uma pessoa tem o total conhecimento da importância que uma outra pessoa tem em sua vida, poderá, no caso de ser abandonada, ou por qualquer outro motivo essa pessoa venha a lhe faltar, controlar a dor causada pela ausência — e isso não é ser frio, é ser racional.

Quando, pegando a mim como exemplo, meu casamento acabou da forma como acabou, eu não digo que eu não tenha sofrido, sofri muito, afinal, era meu príncipe encantado que havia acabado de virar um sapo, bem ali, na minha frente, então, em relação a isso, eu vi qual era a importância daquela pessoa na minha vida, de verdade, e não a impor-

> **Não é possível controlar suas emoções, mas é possível gerenciar suas ações.**

tância que eu queria que ela tivesse. A partir daí, pude tomar decisões de forma mais serena e que fossem o melhor para mim.

Neste momento, chegamos a outra característica muito importante para a inteligência emocional, que é justamente saber interpretar e reconhecer os sentimentos das outras pessoas, e com isso poder conhecer quais seriam as possíveis ações que essa pessoa faria. Ao fazer essas duas coisas, automaticamente você estará desmistificando a ideia que tinha sobre si e, principalmente, a ideia que tinha construído sobre as outras pessoas.

Porque cada pessoa é de uma determinada forma, e todas elas agem de acordo com seus impulsos ou necessidades. Ademais, é comum que em alguns momentos o que uma pessoa queira seja o oposto do que você precisa ou deseja, então, de forma racional, continuar juntos, neste caso, seria apenas dividir o sofrimento, porque se ele busca

> É natural que sofra por algo que perdeu, mesmo que essa perda seja apenas da projeção que fazia sobre aquela situação.

algo que não te agrada, e se você deseja buscar algo que não o agrade, essa relação não tem motivos para continuar a existir, e, se assim for, aquele indivíduo não tem importância para sua vida — ao menos não tem mais, deixou de ter.

É natural que sofra por algo que perdeu, mesmo que essa perda seja apenas da projeção que fazia sobre aquela situação, mas a cada situação deve ser dada a devida proporção, inclusive de sofrimento — e essa percepção é que é a inteligência emocional.

Quanto mais rápido você conseguir lidar com suas emoções e superar seus sentimentos de raiva, angústia, medo e vingança, mais rápido conseguirá virar a página e seguir adiante na busca pela sua felicidade.

> **Menos julgamento e mais aceitação.**

Outro passo para a inteligência emocional é conseguir colocar todas as suas emoções, ou as ações delas resultantes, na direção de alcançar as metas propostas para a satisfação de sua felicidade plena. Com isso você conseguirá potencializar o melhor de suas capacidades emocionais, porque saberá quando ser calma, quando é melhor deixar para lá, ou quando deve avançar um pouco mais.

A última questão é a empatia, que é o que eu sempre falo, e que, na verdade, eu praticamente instituí em minha vida como sendo um mantra: "menos julgamento e mais aceitação", porque essa habilidade é essencial para conhecer as outras pessoas e indispensável para se tornar uma pessoa mais feliz.

> Ninguém vive sozinho no mundo, e suas atitudes impactam a vida de outras pessoas.

É, por fim, saber se adequar às situações da melhor maneira possível, não para escapar de conflitos, porque conflitos são e sempre farão parte da vida, mas, sim, para saber lidar com suas emoções e utilizá-las a seu favor.

Lembre-se sempre de lembrar que o importante na vida é ser feliz e que amar e ser amado é uma das necessidades básicas do ser humano. Desejo que esse amor nasça em você de forma única, singela e inabalável.

APÊNDICE

Biografia

Elisabete de Lima Ponte, mais conhecida nas redes sociais como Elisa Ponte, é graduada em Tecnologia em Análise e Desenvolvimento de Sistemas, pela Faculdade Cathedral, Boa Vista (RR). Ela é Master Coach de inteligência emocional e empoderamento feminino; Business and executive coaching practitioner em Programação Neurolinguística, Coaching em vendas, analista comportamental pelo Instituto Brasileiro de Coaching; Master em PNL – Programação Neurolinguística, Constelação sistêmica, e keynote speaker program pelo Elsever Institute.
É também especialista em relações interpessoais – treinamento de Relações interpessoais – Dale Carnegie Modelo comercial, e digital influencer, com mais de 1 milhão e quinhentos mil seguidores. Fundadora do time de Menos Julgamento, Mais Aceitação.

#boraserfeliz

Mãe, filha, temente a Deus e apaixonada por viver, Elisa quer que seu maior legado seja fazer as pessoas felizes.

Elisa Ponte é Miss Simpatia oficial do concurso Miss Bela do Brasil 2021.
Foto: Alex Pasqualle.

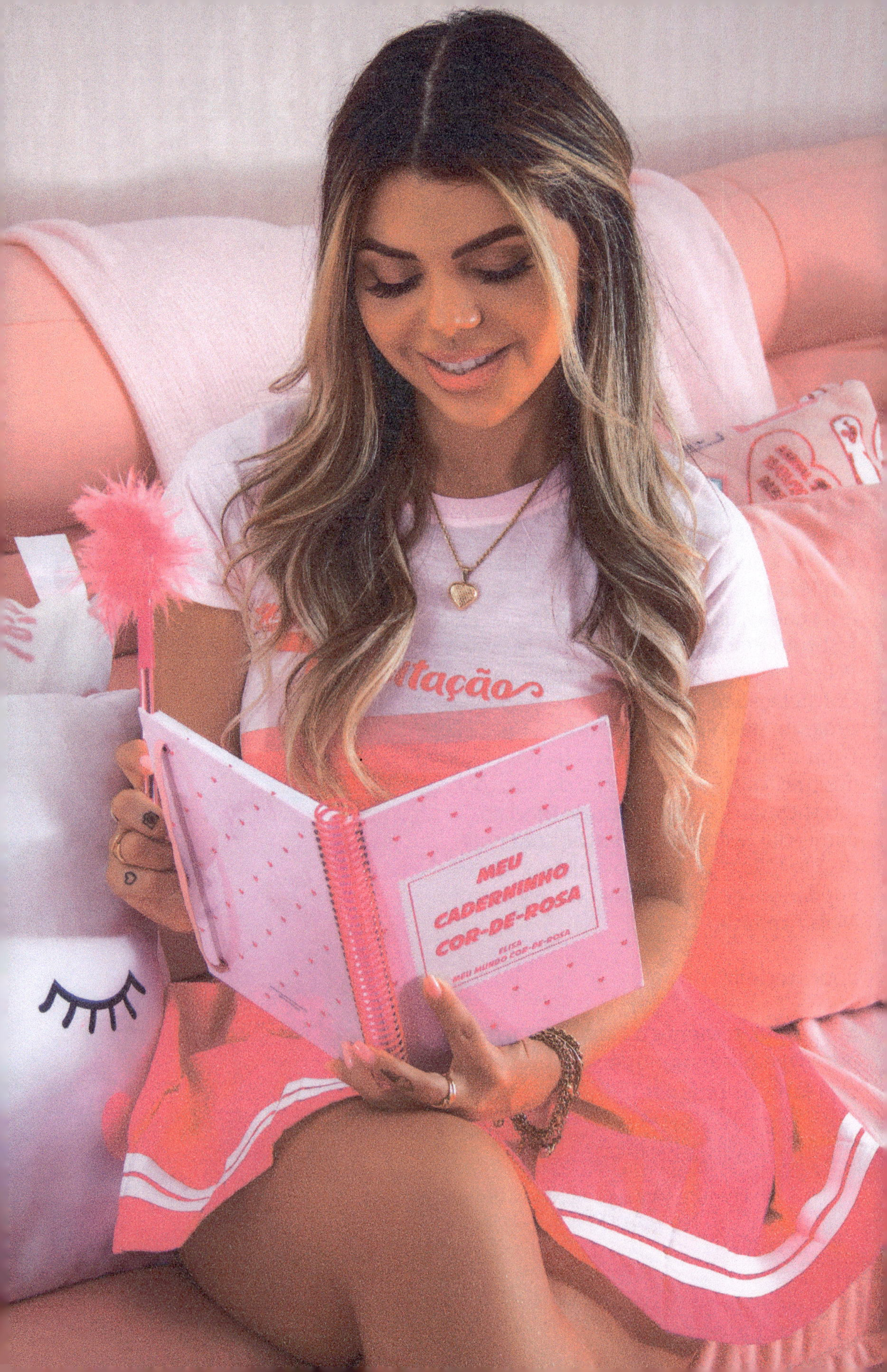
MEU CADERNINHO COR-DE-ROSA
ELISA
MEU MUNDO COR-DE-ROSA

Meu caderninho cor-de-rosa

Maykon Anderson, Rosa De Lima, Carlos Donizete, Taty Modesto, Patrícia Souza Apolo, @Paty.Batom, Sheila Coelho, @Sheilamakeup, E.M.J, Ana Luiza, Edson Bastos (JBJ), Alex carioca, Alex Carlos, Alexandre, Alexsandro, Alice, Alícia, Allana Brito, Aloísio, Álvaro, Alyssane, Amanda, Amanuele, Amaro, Amilla, Ana Paulo, Ana Beatriz, Ana Caroline, Ana Cecília, Ana Clara, Ana Claudia, Ana Eliza, Abdelhak, Adalto, Adeilson, Adeison, Adlise Lacerda, Adyla Yasmin, Aemi, Ághata, Aghata, Aguyta, Ailton, Ainouan, Airton, Alan Envelopamento, Alana, Alanna, Albérico, Alejandro, Alessandra, Alessandro, Ana Gabriela, Ana Garcia,

Meu caderninho cor-de-rosa

Naldinho, Nalytha Vitória, Nana, Natália, Natalia Mariano, Nathália Henrique, Natielly, Nauana, Nayara, Nayara, Nayara, Nazaré, Neia, Ney Max, Nicolas, Nicole, Nicolle, Nicolly, Nicoly, Ni, Nikole, Nitto, Noelen, Núbia, Olivia Paula, Mariane, Marília, Marina, Marinho King, Marlene, Martins, Mary, Mateus, Matilde, Mauro, Mauro César, Mauro Júnior, Mayana Roberta, Maysa Eduarda, Mazinho, Mel, Melissa, Melissa Tamara, Mellyssa, Melzinha, Michele, Michelly, Miguel, Miky, Milena, Milla, Oviedo César, Pablo Henrique, Pam Vicente, Pâmela, Paola, Patrícia, Paula, Paulo, Pedro, Pedro Lucas, Pet Vip, Pietra, Priscila, Priscylla, Pyetra, Rafa Salvino, Rafael Antônio Fotografia,

Meu caderninho cor-de-rosa

Rafaella, Rafaela, Rafaella Cristina, Rafaely, Raiane, Ruh, Ruth, Sabrina, Sabrynna Cruz, Safira, Salete, Sâmara, Samara-Fifi, Samela, Sandra, Sandrinha, Sandro, Sãozita, Sara, Sarah, Sebastian, Sebastiana, Selminha, Sheila, Shophia, Silvinho, Simone, Sofia, Soraia, Shopia, Raiane, Railine, Raissa, Raíssa, Rany, Ranya, Raphael, Raquel, Ray, Rayane, Rayanne, Rebeca, Rebeka, Regina, Reginaldo, Renan, Renata, Rhuan Carlos, Rita Luíza, Roberta, Roberto, Rodolfo, Rodrigo, Roger, Rogério, Ronaldo, Rosália, Rosana, Thayna, The-Fill, Thiago, Uruguaio Atitude, Valentina, Valéria, Vallentina, Vanderleia, Vanessa Espaço Mulher, Vanessa, Vanusa, Veridiana, Verônica, Vic, Vida,

Meu caderninho cor-de-rosa

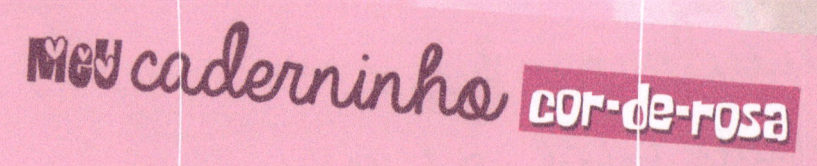

Vitória, Vivi, Soraia Vilena, Stefane, Stefânia, Stella, Stella Priscylla, Stephani Alice, Sthefanny, Sthefany, Sulamita, Susana, Tablyta, Taina, Tainá Welter, Taissa Betina, Taiza, Talima, Talita, Talita Juliane, Talita, Tamires, Tania, Tarsila, Tatiane Salles, Taty, Teddy Pink, Telma, Telmo, Teodora, Teresa, Tereza, Thainá, Thaine, Thaís Leme, Thamires, Thamiris, Thatá, Thaylla Vivi, Viviane, Vytória, Wallace, Wanessa, Wellington, Wendy, Wesley, Willian Basília, Yanna Karollyne, Yasmin, Yasmin, Yngrid, Ynkny, Youtoc-, Ysa, Ysabeli, Yvone, Zezito, Max, Marcelo, Janaína, Keity, Angelica, Carol, Luana, Rejane, Daniel, Andressa,

Meu caderninho cor-de-rosa

Rhuan, Fernanda, Taty, Pedro, That's, Juliana, Paty, Priscilla, Sheila Alves, Ana, Luiza, Gabriela, Julio, Maykon, Letícia, Débora, Michael, Roberto, Vinicius, Gaby, Miriam, Clarisse, Ana Luiza, Rafaela, Virginia, Roger, Carto louco, Tais leme, Sabrinna, Marcão, Marcos, Natielly, Michelle, Thiago, Lucas, Lidiane, Alex, Maysa, Renata, Rhá, Renato, Leia, Zaira, Silvia, Carmen, Carmem, Sharlyane, Cíntia, Claudia, Eduarda, Joice, Marta, Mariana